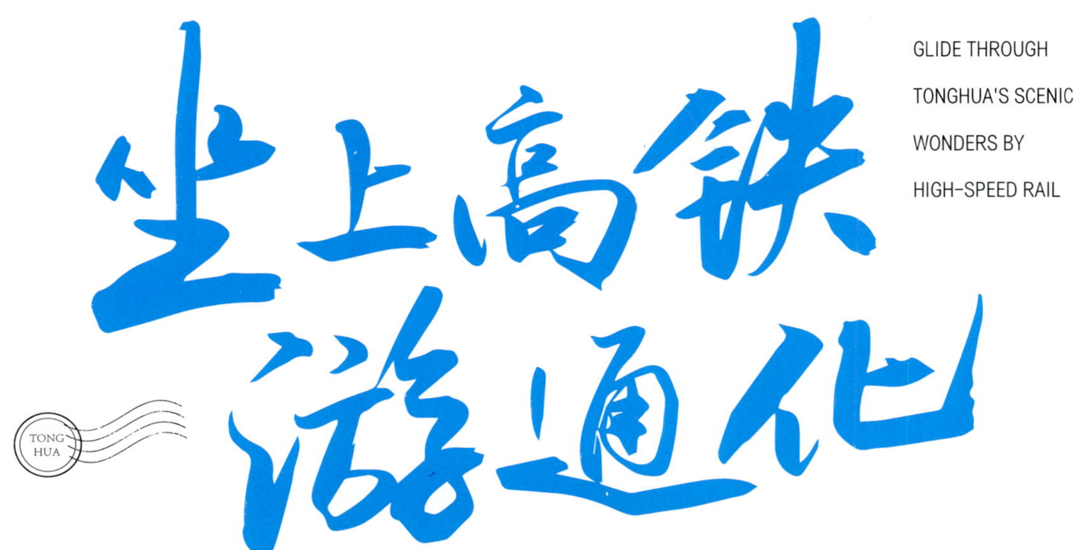

坐上高铁游通化

GLIDE THROUGH TONGHUA'S SCENIC WONDERS BY HIGH-SPEED RAIL

通化市文化广播电视和旅游局 编著

中国旅游出版社

红色通化
绿色通化
白色通化
蓝色通化

HUA
彩色通化
古色通化
AAAAA
特色通化

目录
contents
TONG
HUA

第三篇章

玩转山城 通化百景

第四篇章

四季通化　精品旅游线路

第五篇章

通化手信　伴手礼推荐

通化

通化

历史文化与自然共生的瑰丽画卷

长白山下，鸭绿江畔，有一座北国山城，犹如一颗璀璨的明珠，镶嵌在长白山脉与松花江平原之间，它便是通化。

东北黑土地上的千年文脉。旧石器时代，这里就有人类繁衍生息。距今约6000年前的先民，播撒了第一批文明火种。西汉末年，夫余王子朱蒙（邹牟）建立高句丽政权。清光绪三年（1877年），清王朝于“龙脉”长白山腹地设通化县，寓意“通归王化”。历经岁月沉浮，这片土地孕育出灿烂的高句丽文化、满族文化，留下了丰富的文化遗产，高句丽王城、王陵及贵族墓葬是东北地区

鸭绿江太极湾　郑春生／摄

唯一一处独立申报成功的世界文化遗产。汉族、满族、朝鲜族、回族、蒙古族等民族在这片土地上生生不息，创造了通化独特的地域文化与民俗风情，朝鲜族的长鼓舞、满族的高跷秧歌等各民族风采在这里交织相映。

富有活力的现代化宜居城市。通化市位于吉林省东南部，区位优越，地处东北亚经济圈中心地带的核心区。乘坐沈白高铁走进通化，不仅沿途风景如唯美画卷，现代化的城市风貌更展现出通化蓬勃发展的活力与烟火气。在青山环抱下，佟佳江穿城而过，一条条宽阔平坦的街道、一座座鳞次栉比的高楼，一处处优雅精致的城市公园，吃、住、行、游、购、娱配套一应俱全……通化市先后获评中国最具幸福感城市之一、中国特色魅力城市、国家园林城市、美丽山水城市、第一批国家文化和旅游消费试点城市。

四季轮转间的秀美边城。“春赏山花烂漫、夏游淙淙林泉、秋观满山红叶、冬踏林海雪原”，这是五湖四海游客对通化的体验反馈。春日，沉睡一冬的冰雪开始慢慢消融，冰凌花悄然绽放，杜鹃花漫山遍野，将山峦装点得如诗如画；夏日，鸭绿江碧波荡漾，龙湾群郁郁葱葱，林间的鸟儿欢快地鸣唱，在这座“22℃夏天”的避暑山城内，演奏一首首生机勃勃的交响曲；秋日，层林尽染，枫叶似火，“五花山”诉说着浪漫与诗意，宛如一幅绚丽的油画；冬日，银装素裹，整个世界变得静谧而壮美，皑皑白雪将通化变成了梦幻的冰雪王国。

穿越时光的记忆与温情。世界文化遗产高句丽王城、王陵及贵族墓葬，那些沉睡千年的石碑、古墓、壁画，诉说着古老文明的辉煌与沧桑。茫茫林海间，世代居住的采参人拜长白山神、寻绿野仙踪，一边传承与大山和谐共生的禁忌与技巧，一边不断走入森林，将山中的珍宝带给人们。老把头文化、冰葡萄酒采酿活动、朝鲜族节日大联欢如同一曲曲生动的乡音，讲述着这片土地上的人们对生活的热爱。长白山满族剪纸、人参炮制技艺、松花石砚制作技艺等非物质文化遗产，凝聚着古朴庄重的自然和民俗信仰，还孕育着人们的生活理想、希望之光。

一食一味的烟火人生。人参飨宴惊艳味蕾、滋补养生，人参鸡汤参香缕缕，药食同源滋味悠长，成为各地游客踏访必点菜品。一杯通化葡萄酒，果香浓郁，口感醇厚，回味悠长。这里，不仅有地道的东北菜和国酒，还有独具特色的满族美食，更有别具风味的高丽火盆等朝鲜族特色美食。通化的夜晚，永远烟火气满满，漫步在龙兴里街区，建筑风格重现民国时期通化关东重埠的风貌，随手一拍都很出片；佟佳江畔的夜市热闹非凡，煎粉、鸡汤豆腐串、鸡蛋饼、熏肉大饼等小吃让人垂涎欲滴；鸭绿江边，大吉他广场的灯光秀正在上演，成为一道独特的风景。

千年传承、秀美风光、淳朴民风、丰富物产和传奇故事，在通化演绎出一部历史、文化与自然共生的壮美交响诗，山水边城的全景画卷在我们面前徐徐展开。热情好客的通化人敞开大门，迎接五湖四海的朋友们，共赏山水壮阔、共品人间烟火。

第一篇章

沈白高铁 城市新篇

城市新篇 · 吉林省东南部旅游集散中心

通化区位

通化市，地处吉林省东南部，位于长白山腹地，是连接哈长城市群与辽中南城市群的重要节点城市，是东北东部地区综合性交通枢纽、吉林省向南开放的重要窗口。

从前车马很慢，北京到通化只有一趟直达列车，全程需要 17 小时 41 分钟，中午从北京出发，次日凌晨 5 点多才能到达通化市……而今，沈佳高铁沈白段

通车（以下简称“沈白高铁”）如钢铁巨龙蜿蜒而至，“朝看天安门升国旗，午访山城通化，夜赏长白山梦幻森林夜景”的诗意旅程将触手可及。

从通化出发，1 小时可达沈阳、长白山，4 小时可达北京、哈尔滨，让距离不再是阻碍，将历史和人文连通，串联起这条绝美路线上众多仙境之地。

沈白高铁犹如一缕春风，吹拂着通化的每一寸土地。作为吉林省东南部地区最大的铁路综合交通枢纽，未来通化将成为沈白、长辽通、通丹高速铁路交会枢纽。三条高铁汇集，通化向西、向南可通过沈阳与北京、大连相连；向东、向北与长白山和长春相通；随着敦化至牡丹江段的贯通，通化将联通牡丹江、佳木斯等城市，途经多个城市与哈尔滨相接，向着“通达四海”的目标迈出新的一步。

通化市主城区　姜川海 / 摄

通化立体交通图景

俯瞰这座山水边城，纵横交织的立体交通犹如穿山越岭的金色丝带，串联起关东宝地的深厚历史底蕴和独特魅力，也描画出山水、人文、烟火与历史的满城浪漫。

通化的交通网络由铁路、公路、航空、海铁联运等组成，极大地缩短了与外界的时空距离。依托三源浦机场这一航空枢纽，通化已经开通至北京、上海、广州、大连、天津、烟台、杭州等城市的航线。梅集线、鸭大线、通灌线、新通化支线 4 条铁路在此汇集。公路客运网络方面，域内盘旋着 6 条高速公路、24 条普通国省干线公路，畅达域内大部分景区和度假区，6 个客运站旅游集散中心让游客享受到一站式服务。“道”途皆是风景，游客可以在这里体验“车在画中行，人在景中游”的惬意。

通化立体交通网络图景，绘制出的是长白山的云卷云舒，是鸭绿江、佟佳江的奔流不息，是关东大地的物华天宝，是多民族聚居乡村的炊烟袅袅，更是通化全面振兴的壮阔蓝图。

国家动脉·沈白高铁段全解析

沈白高铁布局

沈白高铁是国家中长期铁路网中东北东部快速铁路通道的重要组成部分，是东北地区“十四五”期间重大高铁项目、振兴东北经济的重要干线。

沈白高铁线路全长约 430 公里，设计时速 350 公里，正线起自沈阳北站，途经伯官站、抚顺站、东韩家站、新宾站、通化站、白山东站、江源东站、长白山西站和长白山站等 10 站，沿线经沈阳市、抚顺市、通化市、白山市、延边朝鲜族自治州等 5 个地市级行政区，终至“东北第一名山”——长白山。

通化三源浦机场　李开原／摄

道桥如织　李开原／摄

在沈白高铁的“穿针引线”下，通化以其得天独厚的旅游资源与四通八达的交通网络，成为四季游玩的理想之地。沈白高铁将沈阳至通化车程缩短至 1 小时内，使北京至通化车程缩短至约 4 小时，将沈阳至长白山车程缩短至 1.5 小时。旅客可以轻松跨越城市界限，享受这片东北黑土地的瑰丽风光与人文风情，感受这座山水边城春夏秋冬的极致之美。

沈白高铁全线最大站房——通化站

通化站是沈白高铁的始发站之一，也是全线最大的站房，位于通化市东昌区环通乡长流村，距通化市区约 5.5 公里。

通化站总面积约 3 万平方米，集高铁、普铁、长途客运、公交于一体，站房主体为地下一层、地上二层，采用无柱式候车厅与智能引导系统，共计 6 台 14 线（沈白高速场 4 台 8 线，普速场 2 台 6 线）。

通化站将“山清水秀，红色通化”作为设计理念，以山为韵、以水为形，玻璃幕墙的天池造型，随处可见的雪花图案，寓意着革命精神薪火相传的鲜明色彩……展现出历史、自然与文化和谐共生的独特风韵，凸显浪漫气质。

通化站

沈白高铁：穿梭山水之间的探秘之旅

一条绝美的旅游铁路，藏着如梦似画的秀丽山水，在这片富饶的东北黑土地上回响着数千年的文化与文明。

沈阳：从历史文化名城到东北亚国际化中心城市

山海有情，天辽地宁。沈水之阳，我心向往。这座被誉为“一朝发祥地，两代帝王都”的历史文化名城，承载着深厚的文化底蕴。在战国时期，沈阳便是燕国重镇。到了元代，沈阳之名得以确立。1625 年，清太祖努尔哈赤迁都于此，皇太极建盛京城，由此开启了清王朝的辉煌篇章。新中国成立后，沈阳成为以装备制造业为主的中国重工业基地，有“东方鲁尔”的美誉。沈阳故宫博物院、清昭陵、张氏帅府、沈阳博物馆、中国工业博物馆等名胜古迹熠熠生辉，1500 余处历史遗迹、百余家博物馆犹如一本厚重的史书，“好客”“听劝”的沈阳吸引无数游客慕名而来。

高句丽：沉睡千年的世界文化遗产

高句丽，史书中记作“高句骊”，是汉唐时期活跃于东北亚地区的重要民族政权。高句丽政权共存续 705 年（公元前 37 年至公元 668 年），传 28 位王。唐高宗时期，高句丽政权被灭。在漫长的历史长河中，高句丽政权创造了灿烂的文化。从高句丽建国传说到文学艺术，从建筑风格到丧葬习俗，这些文化深受中原文化影响。被确立为世界文化遗产的中国高句丽王城、王陵及贵族墓葬共计 43 处（五女山城遗址位于今辽宁省桓仁满族自治县境内，其余 42 处均分布在今吉林省集安市境内）。其中，有久负盛名的碑刻艺术珍品“海东第一古碑”好太王碑；二艺精湛、规模宏大、气势雄伟的“东方金字塔”长寿王陵；色彩鲜艳、线条流畅、内涵丰富的“东北亚敦煌”高句丽壁画；彰显高句丽民族独特建筑理念的附合式王都国内城、丸都山城……2020 年，高句丽文物古迹旅游景区获评国家 AAAAA 级旅游景区。

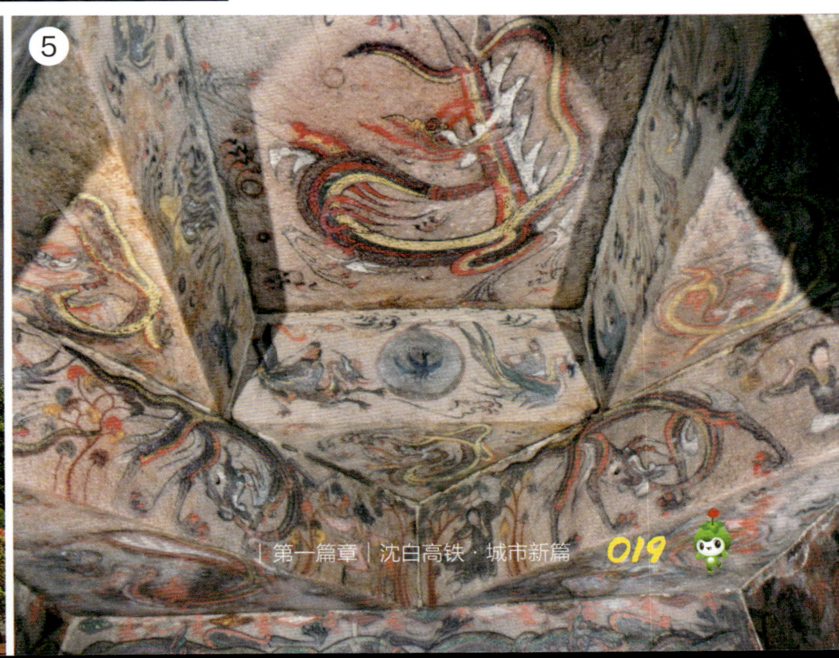

图1　丸都山城洞沟古墓群　王强 / 摄

图2　高句丽鎏金镂空马镫

图3　“东方金字塔”长寿王陵　包洋 / 摄

图4　“海东第一古碑”好太王碑

图5　高句丽五盔坟四号墓藻井壁画

长白山：独属于“东北第一名山”的北国胜境

长白山是欧亚大陆东缘的最高山系。中国境内最高峰白云峰，海拔 2691 米，是中国东北的最高峰，素有“千年积雪万年松，直上人间第一峰”的美誉。长白山是首批国家级自然保护区、首批国家 AAAAA 级旅游景区、联合国教科文组织“人与生物圈计划”自然保留地和世界自然保护联盟评定的国际 A 级自然保护区。游客在“日照霞飞明似镜，云蒸雾漫渺如烟”的景致中，领略自然雄浑，见证时光流转，沉醉山川和谐，感受尘世超然。南派三叔在《盗墓笔记》中，书写了张起灵走进长白山云顶天宫，守护青铜门的终极秘密，并与吴邪定下十年之约的故事，成为读者的青春记忆。

长白山　牟致桦 / 摄

龙湾群：火山与森林交织的奇幻世界

走进龙湾群，犹如置身一座生动的“火山博物馆”，可以寻访一片奇特的碧蓝森林秘境。这里曾是火山活跃的地带，经过千万年的地质变迁，形成了独特而壮观的火山地貌景观。火山湖、熔岩台地、原始森林共同构成了一幅令人惊叹的自然画卷，演绎着独特的四季风景。春有杜鹃花热情绽放，夏有璀璨星河闪烁，秋有油画般的彩叶山景，冬有森林深处的雾凇冰瀑……从高空俯瞰“七湾”，就像镶嵌在原始森林里的“北斗七星”，让人不得不惊叹大自然的鬼斧神工。

沈白高铁，构建起 1.5 小时的黄金旅游带。穿行在广袤的白山松水间，沿途风光无限，跨越崇山峻岭，不仅有连绵山峦、湖光山色，还能领略千年遗迹的神秘与壮美。

三角龙湾水面倒影形成“龙湾女神” 宫晓平 / 摄

part 2

第二篇章

前方到站 通化站

通化概况

通化市位于吉林省东南部、长白山腹地，与朝鲜民主主义人民共和国隔江相望，通化辖 1 市（集安）、3 县（辉南、柳河、通化）、2 区（东昌、二道江），以及 1 个国家级医药高新区和 1 个吉林通化陆港经济开发区，是东北东部大通道的重要枢纽和东北东南部区域中心城市，吉林省向南开放的重要窗口。

通化是全国第一个“中国医药城”、国内著名的“葡萄酒城”、东北重要的“钢铁城”，培育出医药、食品、冶金三大支柱产业，装备制造、化工、新材料三大优势产业和数字信息、新能源、节能环保三大新兴产业。始创于 1937 年的通化葡萄酒，是开国大典和国庆十周年唯一指定用葡萄酒。1998 年，中国第一支胰岛素诞生在通化。通化国家医药高新区是全国仅有的 2 个以医药冠名的高新区之一，全市规模以上医药企业发展到 73 家，拥有修正药业、通化万通、通化东宝等 12 家集团公司。

历史沿革

通化历史变迁跨越了数千年。从远古时期的人类活动，到各个朝代的更迭，通化始终在这片土地上书写着自己的传奇。

早在旧石器时代，通化地区即有人类活动（今通化县大安镇留存着一处洞穴遗址）。距今 5000—6000 年前，浑江两岸已有新石器时代的古人类，渔猎稼穑，繁衍生息。万发拨子遗址的发掘，为通化地区青铜文化历史提供了确切的考古文化依据。

西周时期，已有秽貊（濊貊）、肃慎等东北古族赴中原朝贡的记载。在燕秦汉文化的深刻影响下，通化地区生产力显著提高，文化面貌发生重大改观。

通化见证了高句丽政权的兴衰。西汉末年，夫余王子朱蒙（邹牟）建立高句丽政权。在高句丽政权长达 705 年的历史中，其王都经历了“三治两迁”。今通化集安市作为高句丽王都历史长达 425 年。

丸都山城南城墙瓮门遗址

公元 10 世纪至 17 世纪，通化地区经历辽、金、元、明等政权更替，后又封禁 200 余年，终于在清光绪年间掀开了崭新的一页。

光绪三年（1877 年），通化地区再次设治，名“通化县”，隶属奉天兴京府。“通化”二字，寓意“通归王化”之意。民国时期，通化地区依然归奉天管辖。伪满洲国建立伪通化省。1945 年光复后，在通化等地设安东省，通化市一度作为省会所在地。1949 年，辽宁省与安东省合并，组成辽东省，通化地区隶属辽东省。

通化具有光荣的革命传统，是名副其实的“红色之城”。抗日战争时期，通化在东北抗日斗争中发挥了重要作用。民族英雄杨靖宇将军领导的东北抗联第一路军在这里浴血奋战，形成了以“忠诚于党的坚定信念，勇赴国难的民族大义，血战到底的英雄气概”为基本内涵的东北抗联精神。如今杨靖宇将军的英灵安葬在通化市区靖宇山上（杨靖宇烈士陵园）。为纪念杨靖宇将军，1946 年 2 月，东北民主联军总部授予通化支队“杨靖宇支队”称号。

解放战争时期，这里曾是“四保临江”战役的主战场。抗美援朝时期，1950

鸭绿江国境铁路大桥

《白山红雪》红色剧目

年 10 月 16 日，中国人民志愿军第 42 军先头部队趁着月色，从辑安（今通化集安）鸭绿江国境铁路大桥和水下桥率先渡江入朝，集安因此被称为“抗美援朝第一渡”。

新时代的通化，已经发展成为一座现代化城市，但历史的印记仍然深深地烙印在这片土地上，就像是一部活生生的教科书，记录着通化的沧桑巨变和一代代通化人的不懈奋斗。

生态资源

春意渐浓，佟佳江流域，数百只野鸭在江面上畅游，时而展翅起舞，时而将头潜入水中觅食，时而在岸上梳理羽毛，构成了一幅美丽的生态画卷。

典型的山区地形地貌。通化作为东北地区重要的生态屏障，三分之二以上面积为山区，属于长白山系。森林覆盖率约 66.6%，2024 年，市区空气环境质量优良天数比例达 97.8%，夏日平均气温 22℃左右，是名副其实的“避暑山城”。境内分布五女峰、石湖等 5 个国家森林公园，龙湾、哈泥等 4 个国家级自然保护区，霸王潮、蝲蛄河等 2 个国家湿地公园，现有 55 处国家 A 级旅游景区（截至 2025 年 6 月）。

舒适的北温带大陆性季风气候。独特的地势地貌，造就了通化属北温带大陆性的季风气候，年平均气温 6.1℃，四季气候变化分明，降水充沛，主要集中在 6—8 月，占全年降水量的 60% 以上；年日照时数大致在 2300 ~ 2600 小时。集安市的白桃和山葡萄、辉南县的山核桃、柳河县的火山岩稻米、通化县的蓝莓、东昌区的大榛子、二道江区的甜玉米……得天独厚的自然环境以及优良的品质，让“通化人参”“柳河大米”“辉南大米”“通化蓝莓”入选《中国农业品牌目录》，数量居吉林省首位。

充沛的河流资源。通化拥有大小河流千余条，分归鸭绿江、松花江水系。最大河流有鸭绿江、浑江、辉发河 3 条河流。中朝界河鸭绿江在通化市境内长 203.5 公里。浑江（佟佳江）是鸭绿江最大支流，干流全长 430 公里，流经白山、通化、桓仁、集安汇入鸭绿江，在通化市境内长 173.3 公里。辉发河是松花江水系的主要支流，沿龙岗山脉东北流向，经梅河口、辉南、桦甸入第二松花江，在通化市境内长 45 公里、流域面积 5090 平方公里。

哈尼国家级自然保护区　王馨平／摄

多样的珍稀动植物。通化素有“绿色立体宝库”之称，是珍稀动植物繁衍生息的绿色生态王国。据统计，目前通化市域内分布脊索动物 291 种，其中，原麝、紫貂、中华秋沙鸭等国家Ⅰ级保护陆生野生动物 13 种，鸳鸯、黑熊、棕熊等国家Ⅱ级保护陆生野生动物 62 种。野生植物 809 种，其中，红松、东北红豆杉、紫椴等国家级重点保护植物 15 种。通化是中国“三大天然药库”之一，被誉为“中国中药之乡”“中国人参之乡”，鲜参年产量 1.3 万吨，约占全国的四分之一，盛产天麻、贝母、刺五加、五味子等 50 多种道地野生中药材，鹿茸、林蛙油等药材产量居全国之冠。

绿水青山就是金山银山。通化的生态资源优势正源源不断转化为经济发展的全新动能。

人文民俗

长白山下，鸭绿江旁，文明记忆在这里传承。满族、蒙古族、朝鲜族等 43 个少数民族在这里聚居、繁衍生息，各民族独特的风俗习惯、传统艺术和文化底蕴，构成了通化丰富多彩的民俗文化。通化市列入联合国教科文组织《人类非物质文化遗产代表作名录》1 项（中国剪纸——长白山满族剪纸）、国家级非物质文化遗产项目名录 5 项、省级非物质文化遗产项目名录 46 项、市级非物质文化遗产项目名录 114 项（截至 2025 年 6 月）。

长白山满族剪纸：人类非物质文化遗产代表作

剪纸是中华民族文化的重要组成部分，长白山满族剪纸作为中国剪纸的代表之一，承载着满族先民对大自然的敬畏。2007 年，长白山满族剪纸入选第一批吉林省非物质文化遗产名录；2008 年 6 月，长白山满族剪纸入选第二批国家级非物质文化遗产项目名录；2009 年 9 月，中国剪纸项目入选联合国教科文组织《人类非物质文化遗产代表作名录》。

剪纸技艺在民间传承　陈卉卉／摄

长白山满族剪纸

长白山是满族的故乡。长白山满族剪纸起源于满族先民的萨满祭祀活动，远古祭祀时经常会用兽皮、鱼皮、桦树皮、树叶、麻布等材料剪刻成嬷嬷神、佛托、白挂签等图案。长白山满族重要特征是风格粗犷，按用途与内容可分为始祖神话剪纸、神灵崇拜剪纸、萨满崇尚剪纸、风物传说剪纸、传统习俗剪纸和现实生活剪纸等类别。

松花石砚雕刻：刻痕里的时光印记

松花石，又名松花玉，产于长白山脉，因其质地坚硬如玉、色彩艳丽柔润而得名。据史料记载，康熙皇帝平定四方后，到祖籍“龙兴之地”祭拜长白山，发现当地的磨刀石纹理清晰、色泽艳丽，便带回皇宫遂令宫廷造办处制成了松花石砚。

松花石砚是清代皇室的御用珍品。康熙皇帝称其“寿古而质润，色绿而声清，起墨益毫，故其宝也”，封松花石砚为“御砚”。清末国势日衰，松花石开采和松花石砚制作沉寂二百多年。直到 1979 年，通化地区发现松花石老坑遗址（通化县湖上村别鸪洞、二道江区长胜村仙人洞）。经鉴定，这里开采的松花石与故宫馆藏御用松花石砚砚心颜色、纹理、成分完全相同。

松花石砚

2007 年，松花石制作（雕刻）技艺列入第一批吉林省非物质文化遗产名录。深浅交叠的刻痕，是时光在松花石上镌刻的“年轮”，关东匠人将百年光阴折叠进方寸之间，砚台承载墨韵，承载着长白山的魂魄与匠人的风骨，在华夏文脉的长河中无声流淌。

中国人参之乡：触摸人参文化的脉络

人参文化的脉络蜿蜒于通化的山水之间，“溯流而上”便可听到这样一则传说：长白山采参行业的开山鼻祖孙良，为了给母亲治病，进长白山挖人参，为寻找结拜兄弟，最后饿死在山中，孙良的墓就在通化湾湾川。

“棒槌！”“什么货？”“四匹叶！”“快当快当！”……长白山腹地，采参人的喊声响彻茫茫林海。采参讲究“去单回双”，即进山时人数为单数，出山时则为双数（一人一参），寓意吉祥；发现人参后，要用红绒绳系上并叩拜山神老把头以示敬意；抬参时必须遵循“抬大留小”的原则，以保持山林的

野山参

生态平衡；人参的种子也不能带回家中，而是要随采随种，传续生生不息的力量……采参人以双脚为尺，丈量着大山与林海的辽阔；他们尊重大自然，与这片土地和谐共生，沿袭着古老的采参习俗。

刷参、系绳、挂参、撸须、归尾、成体、阴干……经过一系列精细复杂的炮制工序，一棵棵颜色棕红、角质透明的人参在手艺人的手中如同艺术品一般诞生，这正是人参炮制技艺。作为“中国人参之乡”，通化现有人参炮制技艺、长白山老把头节、长白山人参故事等 20 余项与人参息息相关的非物质文化遗产项目，构建起独具特色的人参文化传承体系。

每年的农历三月十六，通化都会举办“老把头”系列活动，来自全国各地的游客共同见证这一传统的民俗盛会，在献祭、朗诵祭文、放山号子的民俗文化中，感受浓郁的人参文化氛围，走一走“人参之路”，寄寓人们美好祝愿，希望在“老把头”的精神引领下，不畏艰险，不断用智慧、勇气、仁义开垦出美好的生活。

鸭绿江河谷的冰葡萄　鸭江谷酒庄

冰葡萄采酿：探寻冰天雪地里的玉液琼浆

冬日凛冽的长白山下，鸭绿江边已是皑皑白雪。通化集安鸭绿江河谷的冰葡萄依旧傲寒而立，一串串经受冰雪洗礼的野生山葡萄，犹如“冰雪精灵”跃动在江畔，静静等待人们的到来。

“北冰红”成熟时　孔媛／摄

集安位于吉林省东南部，素有“塞外小江南”的美誉，是国内外公认的种植酿酒葡萄的黄金地带，也是中国最大的山葡萄生产基地。这里种植着中国独有的、适合酿造冰红葡萄酒的山葡萄品种——“北冰红”。

从冰葡萄到冰酒，“北冰红”备受宠爱。当葡萄在藤蔓上结起冰晶，工人们在天刚亮时加紧采摘，并直接送到生产厂房，在完全冰冻的状态下加工酿造。经过寒地磨砺、冰冻采摘、带冰压榨、橡木桶陈酿等漫长且重要的时光淬炼，山葡萄的味道完全释放，变为宝石红的冰酒。用“北冰红”酿出的葡萄酒，具有浓郁悦人的蜂蜜和杏仁复合香气，酒体平衡醇厚丰满，品尝一口，仿佛能感受到山间清新的空气、冰雪的清凉、果香的芬芳，极具中国本土风味。

龙头高跷大秧歌：足尖上的非物质文化遗产

长白山龙头高跷大秧歌形式诙谐，风格独特，独有的地域特色赋予它淳朴豪放的灵性和风情，融泼辣、幽默、文静、稳重于一体，将通化人热情质朴、刚柔并济的性格表现得淋漓尽致。稳中浪、浪中梗、梗中翘，踩在跷上，扭在腰上，是大秧歌最突出的特点。

它来源于生活，又高于生活，融合了古代祭祀农神，祈求丰收、祈福禳灾的各种表现形式，在发展的进程中不断吸收农歌、民间武术、杂技以及戏曲的技艺与形式，从而由一般的唢呐、锣鼓、高跷等表现形式，发展成为今天广大群众喜闻乐见的民间歌舞。

木板烙画：传承木与火的艺术

木板烙画，又称烫画、火笔画，以烙铁代笔，落烙生花，是民间用来美化生活的一种艺术形式。构图线条明快丰富，古朴自然，既有中国书法的笔韵，又有中国画工笔画韵味，千刻不落，刀剪不断，烙法遒劲细腻，线条极富韵律动感，烙出的作品具有质感和立体感。早先的木烙画是以烧红的铁丝为“笔”，在木板上烙焦成深浅不同的条纹而形成画面。后来手艺人改用电烙铁做“笔”，把烙铁头做成各种形状，根据需要调整烙铁的温度，丰富了烙画的艺术手法。烙痕氧化形成的褐色系色彩随时间加深，赋予作品“生长性”。木材纹理与烙画结合，如利用椴木年轮模拟水波纹，达到天人合一的艺术效果。

乌拉草编：编织美好生活

东北有三宝——人参、貂皮、乌拉草。乌拉草是长白山区生长的纯天然野生草本植物，纤维坚韧、不易折断，具有御寒保暖、除味祛味等功效。据史料记载，1616 年，努尔哈赤于赫图阿拉城称汗时，他和众首领鹿皮靴里垫的就是乌拉草。由于乌拉草有韧性和拉力，是编结的天然好材料，旧时常常被东北地区的老百姓用于制作草鞋、蓑衣、枕头等生活用品。随着社会的发展和进步，现代非遗传承人对乌拉草编结技艺进行了传承和保护，不断推陈出新，研发出乌拉草拖鞋、药枕、鞋垫等生活用品，还有挂饰、香囊等一系列兼具审美性与实用性的创意产品，深受人们的喜爱。

草编手工艺品

人参酥　佟江宴

美食攻略

在通化，“百草之王”人参被烹饪成一道道特色菜品，“镇山之宝”打造最“壕”美食，在舌尖留下惊艳的康养滋味；通化葡萄酒“国风”气质悠香沉醉，红色国酒荡起中国风土；集安高丽火盆吱吱作响，配上几道朝鲜族特色小菜，美食悦动舌尖；鸭绿江“开江鱼”炖、焖、蒸、煮、炸、酿皆成美味，源于自然的鲜美之气蔓延迂回；地道东北菜以量大实惠、乡土风味为特色，治愈了多少旅途的疲惫；号称“通化小巷四件套”的煎粉、快大肠、鸡蛋饼、鸡汤豆腐串又勾起了多少人儿时的记忆……

山珍江鲜

人参宴：精选人参，搭配当地特色野菜、菌类、冷水鱼等食材，以炖、煮、蒸、炒等多种方式结合，食谱丰富多样，菜品种类繁多。养颜阿胶人参、蛳蛄人参冻、

美食大赛上的人参宴

雪落鲜参火腿沙拉、人参醋烹柳根鱼、禅意抽丝野山参……以人参为主材的养生宴，玉盘珍馐，令人垂涎，既有浓郁的地域特色，又极富养生之道，形成了独特的通化风味。

店铺推荐

佟江宴，由长白山人参宴非物质文化遗产的第五代传承人谢新杰创立，位于江南商圈。作为一家以地标美食为特色的餐厅，佟江宴将人参文化巧妙融入一道道精致菜品之中，先后研发 200 余道人参相关菜品，已经成为外地游客品尝人参宴的必去之所。

江南宾馆，位于通化市中心江南商圈，佟佳江畔。以地域特色食材为主，精选长白山人参和中草药，匠心烹制滋补养生宴。

辉南县颐楚中医新质养生馆，为名医问诊堂、中医药膳堂“一馆两堂”，以人参为核心食材的新派养生人参宴掀起“舌尖上”的“参潮”，研制百余种中医药膳，多道人参药膳菜肴荣获全国药膳大赛最佳作品奖。

除此之外，还有集安市紫都苑酒店、集安市豆谷离宫大酒店、东方红健康科技园、柳河县云岭野山参风景区、辉南县辉南宾馆等。

人参鸡汤　佟江宴

脆皮坚果人参　佟江宴

人参鸡汤：精选长白山鲜参与土鸡慢炖，人参品质上乘、根须饱满；当地散养的土鸡，肉质鲜嫩且富有嚼劲。二者的完美融合，使得人参的醇厚与鸡肉的鲜美相互交织，人参鸡汤汤色金黄清澈，鸡肉脱骨酥嫩，滋味鲜美、营养丰富。

店铺推荐

人参鸡汤在通化众多餐饮店中普及率较高，代表的有佟江宴、龙兴里壹品参汤馆、厚泽参鸡汤、红梅小酒楼、新北方吉菜、家味轩长白山小鱼汤、辉南县石道河镇生态文化园、柳河县丽景国际大酒店、通化县保兴食府等。

鸭绿江鱼宴：采用鸭绿江盛产的春生鱼、马口鱼、鲫鱼、鲤鱼、鳌花等鲜鱼，通过铁锅焖炖、清蒸、干烧、清炖、烤制等烹饪方法制作而成。中国烹饪大师、国家高级营养师王福贵传承的“鸭绿江鱼烹饪技艺”列入吉林省第三批非物质文化遗产项目名录。

店铺推荐

通化县丽景建国饭店、集安市紫都苑酒店、中东拉图摩根酒店、集安市豆谷离宫大酒店、通化县振国养生谷壹号庄园等。

除此之外，集安 G331 公路沿线众多农家乐也都十分擅长鸭绿江鱼烹饪。

核桃炭烤肉：辉南县被誉为“中国野生山核桃之乡”，每年野生山核桃采出量在 3 万吨以上。核桃炭烤肉便是以野生核桃壳为原料，经筛选、炭化、灼烧制成的优质炭火材料。核桃炭烤制出的肉质鲜嫩多汁，融入天然的核桃炭果木香，令人垂涎三尺。

店铺推荐

辉南县德胜楼火锅烤肉（清真）、辉南县金家烤肉、辉南县晟达诚老式炭火烤肉、辉南县丹东明火等。

冰葡萄酒：包含冰红与冰白两种类型，选取鸭绿江河谷地区“北冰红”、威代尔等葡萄品种，推迟采收期，成就独特的甜型酒风味。由于产量低（约 10 公斤葡萄出 1 斤酒），冰葡萄酒又被誉为“液体黄金”。推荐饮用温度 4~8℃。

品牌推荐

通化荣耀雅士樽冰葡萄酒、通化爱在深秋冰葡萄酒、通天冰葡萄酒（雅罗系列）、鸭江谷冰酒、斯葡瑞冰葡萄酒、万通雪中珍珠冰葡萄酒、百特冰葡萄酒、美的庄园冰葡萄酒等。

时令山野菜：春夏时节，刺嫩芽、婆婆丁（蒲公英）、大叶芹、蕨菜、猫爪子、小根蒜、荠菜等时令山野菜，蘸酱吃、炒着吃，搭配肉蛋更是一绝。

温馨提示 山野菜虽美味，但需确认品种安全，建议到正规市场购买或跟随本地人采摘！

寻味通化

高丽火盆：高丽火盆是通化最具特色的地方美食之一，因其与高句丽历史文化颇有渊源，且制作过程需在火盆上进行而得名。高丽火盆以特制平底铁锅为容器，底部放置炭火持续加热，包含牛肉、牛筋、米肠、豆腐、黄豆芽等十余种食材层层叠加煎烤，油脂与焦香交织。近年来，高丽火盆制作二艺经过不断地传承与创新，陆续增加了海鲜、猪肉、羊肉、鸡肉、蘑菇等众多口味，又搭配酱料佐餐，打破游客对于高丽火盆经久不变的传统印象。

店铺推荐

集安火盆街，位于集安市中心城区，西起建设街，东至新建街，全长 203 米，街区以高句丽文化及火盆元素为主，现有 20 余家高丽火盆特色店。

高丽火盆

朝鲜族大酱汤锅　珠珠里韩餐

朝鲜料理：食材涵盖蔬菜、肉类、鱼类及豆酱等发酵制品，融入通化地区饮食文化进行部分改良，形成了石锅拌饭、韩式泡菜、榆树皮冷面、打糕、韩式辣炒年糕等为代表的特色料理。

店铺推荐

珠珠里脊骨汤专门店 / 拌饭屋，创建于 2004 年，有 6 家直营门店，三代传承的手工老味道。“珠珠里”是朝鲜语“络绎不绝”的谐音。

除此之外，还有福香苑煎锅酱汤馆、辉南县焱希屋里集韩餐馆、辉南县小梨花饭店、月光夜食韩式料理店、佟江大冷面、英兰朝族饭店等。

明火烤肉：以牛肉、猪肉为主，搭配秘制调料充分腌制后，在炭火炉上烧烤，有铁板煎烤、铁帘子明火烧烤多种形式，特别注重食材新鲜，不同部位肉品带来不一样的美食滋味。夹上一片烤牛肉，用生菜或苏子叶裹住，配着蒜片、辣椒圈和大酱，这吃法那叫一个地道！

店铺推荐

青云炭火烤肉、老教授地摊烤肉、牛大力炭火烤肉、三千里烤肉、老虎辣椒肉、飞哥老式烤牛肉、黑牛小镇市集烤肉、韩香宫韩式炭火烤肉、香吉烧肉酒场、一把刀烤肉牛、神炭烤牛肉、金厂镇胡同里烤肉店，集安烧烤特色餐饮街（集安市黎明街与文化路交会北侧）等。

朝鲜族冷面：朝鲜族民间传统面食。主要原料以荞麦粉、小麦面和淀粉为主。集安地区流行榆树皮冷面，将晒干的榆树根内层嫩皮研磨成粉，掺加玉米面，压成面条，深受当地人喜爱。煮好的冷面条配冰镇牛肉汤底，佐辣酱、苹果片、西瓜片、煮鸡蛋等，清凉酸辣激发食欲，低脂健康，兼具降血脂功效。

榆树皮冷面 昌盛火盆

店铺推荐

在通化想要吃到朝鲜族冷面，不用特意寻找，随便找到一家烤肉店或烧烤店，都能满足你的胃。榆树皮冷面是集安地区限定款。

打糕：朝鲜族传统糕点，被视为上等美味，每逢年节或婚姻佳日及接待贵宾时都要做打糕。把糯米（江米）蒸熟后，反复捶打至软糯，撒黄豆粉或淋蜂蜜，口感香甜。

打糕、米糕和月亮糕

地道东北

满族火锅 / 东北酸菜铜锅涮肉：火锅是满族名馔，清八旗军入关之后，满族火锅也被带进了北京城，逐渐传播到全国各地。铜锅炭火，热汤沸腾，加入东北酸菜，也可加入海鲜干货调味，汤汁酸香味美。一众亲朋好友围坐在铜锅周围，开锅涮肉，加入白肉（五花肉）、手切羊肉、血肠、排骨、冻豆腐等配菜，搭配芝麻酱、腐乳、韭菜花等蘸料食用，冬季尤为受欢迎。

店铺推荐

吉祥涮羊肉、锅锅香鲜羊肉碳火锅、万峰绿香源东北酸菜锅、聚鑫阁泉水涮肉、添德福东北酸菜锅等。

铁锅炖：铁锅炖是东北地区特色菜品，知名铁锅炖菜品有“铁锅炖大鹅”“灶台鱼”“大丰收”等。铁锅炖以传统柴火为燃料（现也采用电灶台），铁锅持续导热均匀，汤汁浓缩入味，新鲜江鱼、大鹅、鸡肉、排骨等食材充分吸收油脂与酱香，肉质软烂不柴，搭配长白山野生榛蘑、干豆角、土豆等增加味道层次，出锅前撒入香菜、葱花和蒜末，解锁冬日终极暖意。

店铺推荐

老村长铁锅炖、灶炎升香老渔翁铁锅炖、好灶头铁锅炖、他五叔东北地锅菜、山河屯柴火铁锅炖等。

温馨提示 铁锅炖制作时间较长，建议提前 1 小时左右预定。

东北菜：东北菜又称关东菜、京东菜，是中国东北地区本土菜系，在全国范围具有广泛的知名度和影响力。通化地区的东北菜以吉菜为主，融合满族、朝鲜族、蒙古族传统饮食文化，实现了兼容并蓄，食材以多样性和融合性见长，多取自长白山脉和鸭绿江流域的丰富物产，保留食材最自然的风味。

店铺推荐

饼王美食府，通化本土近 30 年老店，位于通化市委斜对面，二道河边。长白山非遗金丝饼是镇店招牌，还有手撕饼、葱花饼、玉米饼、韭菜盒子等，老式锅包肉、铁锅炖、拔丝人参等 50 余种东北菜品，主打“百姓餐厅、量大实惠”。

拔丝人参 饼王美食府

锅包肉

宾之初筵 · 兴隆人家，成立于 1985 年的老店，天赋一片好山水，地道遍地好食材，是该店的经营理念，坚持选用时令原生态的食材烹饪，专注于打造通化地方美食。

除此之外，红梅小酒楼、万峰五洲皇冠酒店、叁只猪东北杀猪菜、老胡同蒸肉饼王、新北方吉菜、王家味熏酱小酒馆、柳河县丽景国际大酒店、辉南县辉南宾馆、通钢宾馆、通化县“上湖上”民宿等都是极佳的选择，能够满足不同消费群体的需求。

大东北熏酱菜：熏酱的功夫全在老汤里，十几种香料煮得浓油赤酱，鸡翅、牛肉、鸡胗、肘子、猪耳朵、猪蹄、鸡脖子、豆腐干等食材泡在老汤里，咸香入味，再经果木一熏，搭配上冰爽啤酒，是夏日最惬意的享受。

市井味道

通化烧烤：铁签子上串着拇指大的肉丁，在炭火上滋滋冒油，刷上秘制酱料，撒把辣椒面和芝麻，香而不腻。小烧烤、大扎啤，三五好友，七八趣事，这就是通化消夏时光里的市井烟火气。

店铺推荐

五月花、民主路、胜利路、江南丽园小区、厚德载物小区等街区分布着众多烧烤店，小巷里也藏着不少宝藏小店，谁家人多进谁家准没错。

温馨提示 一定要尝尝通化地区特有的干豆腐串，有糖醋和辣椒两种口味！

“通化小巷四件套”：煎粉筋道有嚼劲，再配上一口灵魂麻酱蒜汁，香气扑鼻；薄薄的豆腐皮串，刷上辣酱，在鸡汤的包裹下，香味浓郁；咬上一口包着油条的鸡蛋饼，口感咸香，美味加倍；搭配上刚出锅的酥脆快大肠（通化县快大茂镇产的香肠），是通化人从小吃到大的家乡味道。

鸡汤豆腐串

店铺推荐

正宗煎粉店（招贤楼附近），门店不大，翻台很快，不用排队，进店行家“黑话”——“老板，来一套”。想吃鸡蛋饼的小伙伴，一定要试一试五中鸡蛋饼（没有外卖，等候时间约 30 分钟）、老太太脆皮鸡蛋饼（义乌商贸城女人街）。

午夜小油条：通化人从小吃到大，藏在胡同里的“小破店”。起初被夜班出租车司机发现，刚出锅的小油条，配上一碗热豆浆，让这里逐渐成为通化人酒足饭饱后深夜打卡地。

店铺推荐

有家早餐铺（东庆花园胡同）、有家早餐铺（五月花）、宝莹午夜营养快餐（集贸后门）等。

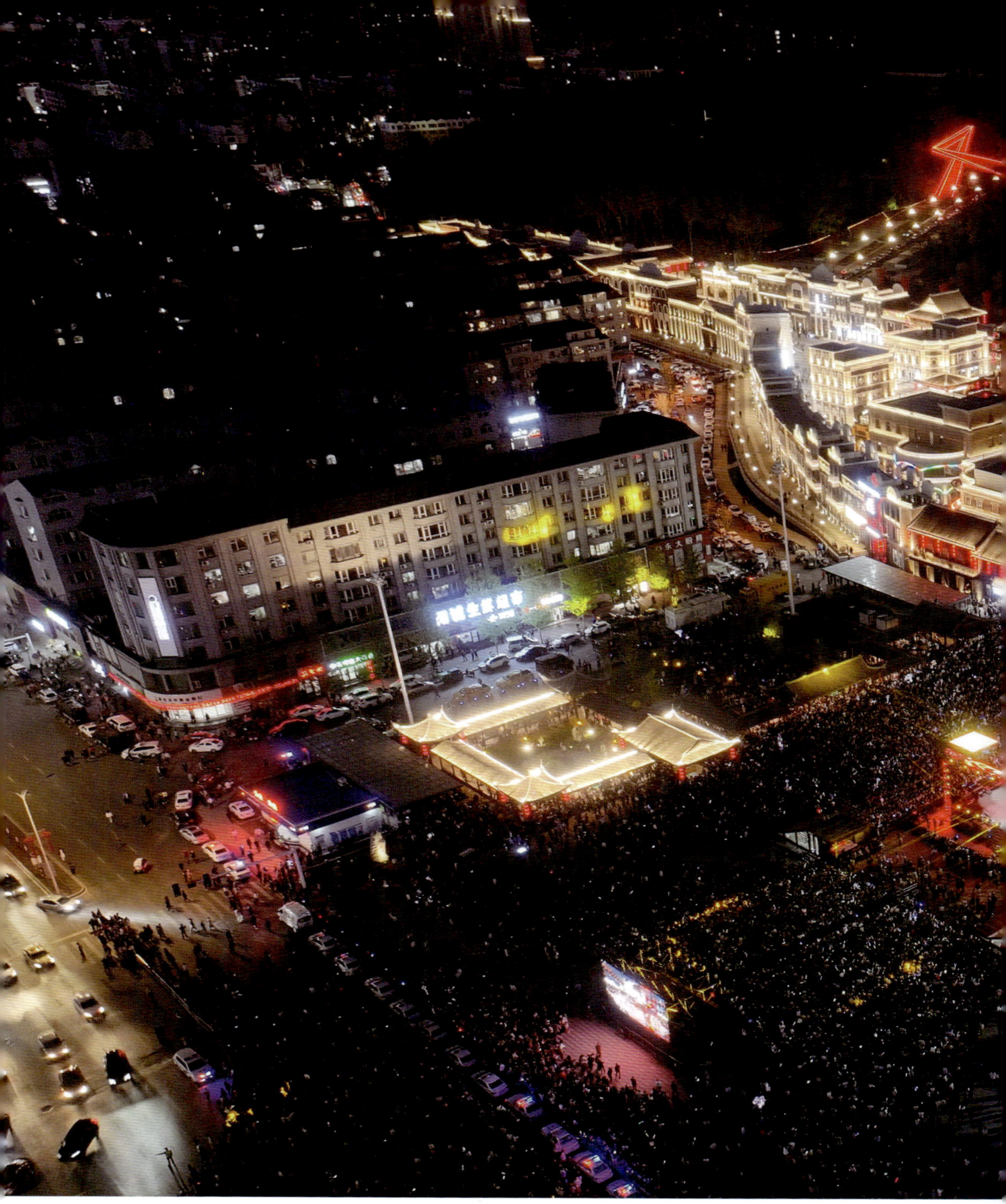

通化老城 · 龙兴里旅游休闲街区

购物娱乐

通化各类消费娱乐设施配套完善，消费购物主要依托大型商贸综合体和特产交易市场，以及依托各类旅游集散中心、场馆、景区设立的旅游商品展示销售区等。

通化市现有大型商贸综合体和大型商超 19 家。主城区核心商圈集中在东昌区江南大街沿线，分布有通化欧亚购物中心、万达广场、中东新天地购物公园、义乌国际商贸城（含女人街）、红星美凯龙生活广场（含关东二十五坊）等重点商贸综合体，江南大街尽头为通化市科技文化中心（含通化市博物馆、通化市美术馆、通化市群众艺术馆等）。其中，中东新天地购物公园、万达广场内有室内娱乐设施；通化欧亚购物中心、万达广场、中东新天地购物公园均有室内影院。

中东新天地小 U 时光里夜市　孙歌 / 摄

Part 3

第三篇章

玩转山城 通化百景

吉林龙湾景区（国家 AAAA 级旅游景区）

位于辉南县金川镇，长白山脉西北麓龙岗山脉中段，省级研学旅行基地。龙湾群国家森林公园地形复杂、地貌奇特，由集中分布的火山口湖群体组成，规划为“七湾、一瀑、两顶”十大景区。2014 年，作为中国国家森林公园唯一代表，入选首批“IUCN（世界自然保护联盟）生态保护地绿色名录”。2023 年，获评“世界最佳自然保护地”称号。

◎ 大龙湾

龙湾群国家森林公园火山口湖群的重要组成部分，是龙湾群中水面面积最大的火山口湖。每年 11 月下旬封冻，翌年 4 月上旬开湖。景区有奇特的“水上森林”芦花岛，还有玄武岩溶洞和绿色生态长廊，游客可乘船抵达对岸或环湖步行游览。

最佳游览时间： 5 月至 10 月

◎ 三角龙湾

龙湾群国家森林公园火山口湖群的重要组成部分，因水面呈现三角形（俯瞰为爱心形状），且湖南侧有 30 米高的三剑峰而得名。景区青山环绕，湖心岛景色迷人，游客可乘船欣赏湖光山色，也可登山览胜，感受大自然的鬼斧神工。

最佳游览时间： 5 月至 10 月

◎ 吊水壶瀑布

龙湾群国家森林公园火山口湖群的重要组成部分，由火山爆发后河床受张

三角龙湾 郑克衡 / 摄

力断迭形成。主瀑布平整方正，西侧石崖又冲出一个瀑布，形成母子瀑，大似茶盘，小似悬壶，因如茶壶倒水得名“吊水壶”。

最佳游览时间：全年皆宜

◎ 四方顶

龙湾群国家森林公园火山口湖群的重要组成部分，海拔 1233 米，龙岗火山群最高的火山台地之一。景区内古树虬枝，枯木形态各异，山顶 62 米高的瞭望塔设有观光电梯，可览千里林海、日出日落、云海星空。

最佳游览时间：全年皆宜

◎ 龙湾宣教科普馆

龙湾群国家森林公园火山口湖群的重要组成部分，是集自然科普、科技体验、研学教育为一体的综合宣教展馆，共分 3 个展区，展示火山地质地貌、顶级天然林相、神奇湿地景观、丰富的生物多样性等内容。

最佳游览时间：全年皆宜

龙湾秋韵 张吉顺／摄

吊水壶瀑布　刘楠 / 摄

冬日的四方顶子　刘成刚 / 摄

白鸡峰国家森林公园

白鸡峰高山陨石坑

位于东昌区金厂镇上龙头村（国家级乡村旅游重点镇、国家级乡村旅游重点村），是以自然景观为主的森林康养旅游景区。景区森林覆盖率达 98.7%，前白鸡腰海拔 1318 米，是通化市郊最高峰。标志性景点白鸡峰形似报晓雄鸡，登顶可俯瞰群山绵延。2023 年 9 月，北京高压科学研究中心科研团队发现世界第一个高山陨石坑——通化白鸡峰陨石坑。

最佳游览时间： 4 月至 11 月

五女峰国家森林公园（国家 AAAA 级旅游景区）

位于集安市国道303沿线，是以原始生态为特色的自然风景旅游区，以天女、玉女、参女、春女、秀女 5 座山峰最为壮观，因此得名“五女峰”。现已开放洞天皓月、大峡谷、仙人台、一线天、枫叶岭等景点。从集双高速五女峰收费站出口可直达景区。

最佳游览时间： 5 月至 10 月

云雾缭绕的五女峰宛若仙境

通化溶洞

通化溶洞

位于二道江区鸭园镇万寿山上。第四纪火山活动时期形成的天然洞穴，是目前国内发现的最大的火山溶洞。洞内长达 4000 多米的观光通道蜿蜒曲折，串联 10 个各具特色的大型洞庭，令人叹为观止。石冰花景观群极具科研价值和观赏性。

最佳游览时间： 全年皆宜

四方山森林公园

位于通化县大安镇，是观赏日出云海的网红打卡地。四方山海拔 1182.4 米，山高林密，植被繁多，是踏青郊游、放松心情的一方净土。每年秋季，满山红遍的四方山吸引无数摄影爱好者前来。

最佳游览时间： 5 月至 10 月

太极湾风景区

位于集安市榆林镇地沟村，是鸭绿江中游老虎哨水库区内生态旅游项目。站在山顶俯瞰太极湾，山水环绕，乾坤大湾犹如翠龙卧江，俨然一幅绝美的生态画卷。目前景区处于开发阶段。

最佳游览时间： 4 月至 10 月

四方山的红叶

高句丽文物古迹旅游景区（国家 AAAAA 级旅游景区）

位于集安市主城区，国家 AAAAA 级旅游景区、全国重点文物保护单位。高句丽王城、王陵及贵族墓葬是东北地区唯一独立申报的世界文化遗产。2004 年，被联合国教科文组织列入《世界遗产名录》。

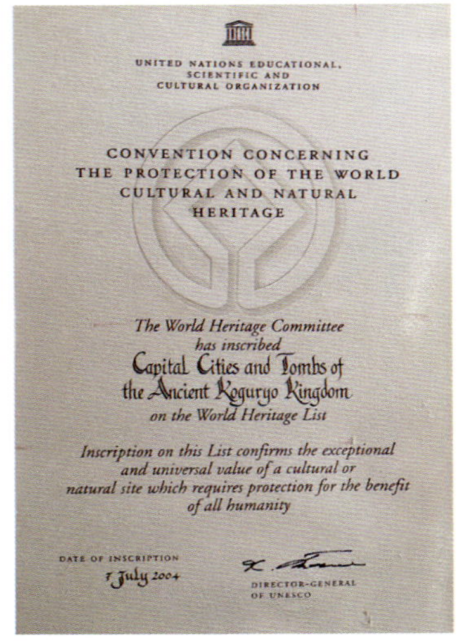
UNITED NATIONS EDUCATIONAL, SCIENTIFIC AND CULTURAL ORGANIZATION

CONVENTION CONCERNING THE PROTECTION OF THE WORLD CULTURAL AND NATURAL HERITAGE

The World Heritage Committee has inscribed

Capital Cities and Tombs of the Ancient Koguryo Kingdom

on the World Heritage List

Inscription on this List confirms the exceptional and universal value of a cultural or natural site which requires protection for the benefit of all humanity

DATE OF INSCRIPTION 7 July 2004

DIRECTOR-GENERAL OF UNESCO

世界文化遗产证书

◎ 长寿王陵

高句丽文物古迹旅游景区的重要组成部分。建于 5 世纪初，是高句丽第二十代王长寿王之陵。陵墓为方坛阶梯石室墓，以精琢花岗岩垒砌而成。阶坛 7 级，共用石材 1146 块。墓顶以 50 余吨巨石封盖，墓基环周有 11 块重 10 余吨的巨石倚护。因其结构设计考究，工艺精湛，被誉为“东方金字塔”。

最佳游览时间：全年皆宜

◎ 好太王碑

高句丽文物古迹旅游景区的重要组成部分。中国现存最大的石碑之一，是高句丽第二十代王长寿王为其父“国冈上广开土境平安好太王”所立的纪功碑。好太王碑由角砾凝灰岩粗制而成，近方柱状，高 6.39 米，

工作人员正在修复文物

好太王碑

四面环刻汉字隶书碑文，是现存最早、文字最多的高句丽考古史料，被誉为“海东第一古碑”。

最佳游览时间：全年皆宜

◎ 丸都山城

高句丽文物古迹旅游景区的重要组成部分。修建在起伏险峻的丸都山上，海拔最高处为 676 米，是高句丽时代最为典型的早、中期山城之一，既是国内城的军事守备城，又曾作为高句丽王都使用。城内有地面遗迹 3 处，蓄水池 1 处，墓葬 38 座。

最佳游览时间：全年皆宜

丸都山城洞沟古墓群

长寿王陵　王强／摄

高句丽墓葬出土的瓦当　娄笑川／摄

国内城

位于集安市主城区，曾是高句丽的政治、经济和文化中心，作为高句丽都城长达 425 年。时至今日，保存下来的城墙依然坚实牢固而庄严，是高句丽故地乃至东北亚地区中世纪城址中少数保存较好的石筑平原都城遗址。

最佳游览时间： 全年皆宜

国内城保留着高句丽时期的城墙

集安市博物馆

位于集安市主城区，全国唯一的高句丽专题展览馆。场馆外观呈八瓣莲花状，体现中国传统建筑理念及高句丽“喜莲”“尚石”的特点。展区系统展出各类文物 1000 余件，全景介绍高句丽定都集安期间的建筑特色、生产生活、军事水平、文化艺术、宗教信仰等情况。镇馆之宝为西晋时期的“晋高句骊归义侯”马钮金印。

最佳游览时间： 全年皆宜

集安市博物馆

自安山城遗址公园

位于通化医药高新区自安村，全国重点文物保护单位。主要遗迹有城门址、排水涵洞、房址、蓄水池、点将台、水井等，对研究高句丽军事防卫体系、势力的扩张、山城的建筑技艺及高句丽中、晚期历史具有重要的学术价值。

最佳游览时间：5 月至 10 月

罗通山风景旅游区（国家 AAAA 级旅游景区）

位于柳河县罗通山镇，全国重点文物保护单位。得名于唐代名将罗通扫北的历史传说，海拔 1090 米。汇集高句丽历史人文景观、溶洞地质景观、野生动植物生态景观，具有城古、洞幽、塞要、崖险、林密、花绚等看点。

最佳游览时间：5 月至 10 月

罗通山风景旅游区

通化市博物馆

位于通化市主城区江南大街最南端。整座建筑像展翅待飞的蝴蝶，建筑外墙是巨大的长白山满族剪纸。主体建筑共有 4 层，分为历史博物馆、自然博物馆、酒瓶艺术展厅等展馆（展厅），系统呈现从远古到近现代通化的历史脉络。

最佳游览时间： 全年皆宜

通化市博物馆　于晨 / 摄

通化市满族文化展览馆

位于通化市主城区，毗邻全国重点文物保护单位万发拨子遗址。通过历史叙事与民俗体验，打造满人风物、满族记忆、满韵匠心、非遗文创等特色展区。

最佳游览时间： 全年皆宜

杨靖宇烈士陵园（国家 AAAA 级旅游景区）

位于通化市主城区靖宇山上，是抗日民族英雄杨靖宇将军的安葬地。以杨靖宇为代表的抗联将领以铮铮铁骨御强敌，用血肉之躯筑长城，为抗战胜利做出巨大贡献。陵堂内陈列毛泽东、朱德、刘少奇、周恩来等党和国家领导人，以及朝鲜民主主义人民共和国领导人金日成、崔庸健等敬献的花圈，朱德题词“人民英雄杨靖宇同志永垂不朽”。杨靖宇烈士陵园是首批全国重点烈士纪念建筑物保护单位、首批全国爱国主义教育基地、首批全国中小学爱国主义教育基地、首批全国爱国主义教育示范基地、首批全国红色旅游经典景区，至今共获得国家级荣誉 13 项。

杨靖宇像

最佳游览时间：全年皆宜

杨靖宇烈士陵园

东北抗日联军纪念馆

位于通化市主城区靖宇山上，是全国首个展示东北抗日联军光辉业绩的大型纪念场馆。通过 900 多件珍贵的图片、文物、文献、图表和绘画场景，展示了东北抗日联军艰苦卓绝的战斗成果和生活。

最佳游览时间：全年皆宜

东北抗日联军纪念馆

鸭绿江铁路国门

鸭绿江国门景区（国家 AAAA 级旅游景区）

位于集安市主城区，包括鸭绿江公路国门和国境铁路大桥两个核心景区。1950 年 10 月 16 日晚，中国人民志愿军第 42 军先头部队在副师长肖剑飞的带领下，从辑安（今通化集安）鸭绿江国境铁路大桥和水下桥率先渡江入朝，这里由此成为抗美援朝战争中志愿军部队的最早出征地，被称为“抗美援朝第一渡”。

最佳游览时间：全年皆宜

下解放“红之宿”度假区

位于集安市城东街道下解放村，毗邻鸭绿江国门景区。度假区建有特色民宿、儿童乐园、演艺广场、拓展训练、美食广场、培训中心等设施。

最佳游览时间：全年皆宜

大荒沟文旅小镇

位于通化县兴林镇大荒沟村森林溪谷环抱中，吉林省 AAAAA 级景区村省级研学旅行基地。小镇以河里抗联老家项目为核心，建有印章广场、靖宇广场、抗联壁画、观山台等教学点。配套建设大型青少年研学平台，开发农耕研学区、儿童乐园区、萌宠乐园区、帐篷营地区、军事研学区、工坊体验区等板块，配套蓝莓产业园、农村大集、青年民宿等乡村旅游业态。

最佳游览时间：5 月至 10 月

大荒沟文旅小镇河里抗联老家

庆阳兵工遗址公园

位于辉南县庆阳镇，是东北地区规模最大、数量最多、保存最完好的三线兵工遗址群。园区依托原五五一四厂旧址，完整保留生活区、医院、学校等建筑，建设辉南兵工展览馆，陈列着 2000 多件军工及民用产品，生动展现三线建设历史。

最佳游览时间：全年皆宜

庆阳兵工遗址公园

通化老城·龙兴里

位于通化主城区靖宇山脚下（原新站广场），省级旅游休闲街区。街区整体规划尽显民国时期通化老城风貌，重建历史上的通化东门（晏和门），并根据史料整理建设戏楼、东江春饭庄、博古钟表行、翠玉珍金店、春发堂理发店、四海泉澡堂等传统老字号和老业态，装配大型换装馆、龙兴里客栈等业态。

最佳游览时间：全年皆宜

东北抗联红色教育基地

位于集安市榆林镇治安村，是抗联时期重要的交通枢纽，保存着老岭高干会议、常家店伏击战、抗联军校等多处抗联遗址遗迹，基地由村史教育广场、抗联练兵场、抗联精神传习所等构成，面向社会开展“重走抗联路”等系列活动。

最佳游览时间：全年皆宜

石道河抗联纪念馆

位于辉南县石道河镇西南岔村。建筑采用东北林区“木刻楞”风格，纪念馆以时间为轴，再现1933年10月至1940年2月，杨靖宇将军率东北抗日联军在石道河顽强御敌的珍贵历史。

最佳游览时间：全年皆宜

石道河抗联纪念馆

龙兴里水弹电音节

龙兴里水弹电音节

龙兴里大戏台篝火晚会

龙兴里天幕美食街每天上演民国服装秀

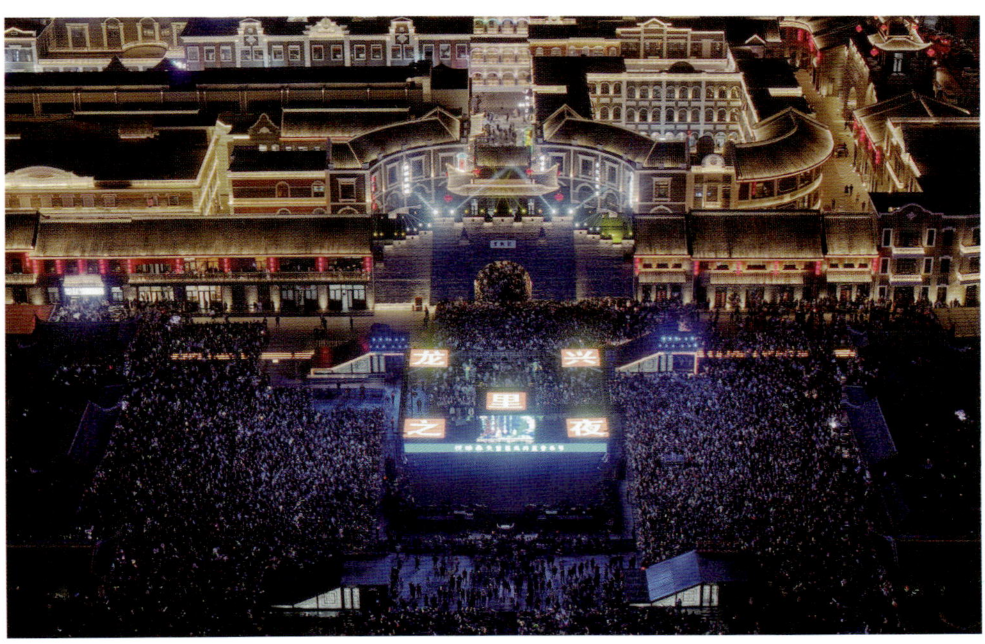

龙兴里之夜演唱会

通化葡萄酒地下大酒窖

位于通化医药高新区，是国家级工业旅游示范点、全国重点文物保护单位，中国最早的地下酒窖之一，亚洲最大地下储酒窖，同时也是世界最大的大橡木桶集群。地下酒窖总面积 10340 平方米，共 11 个酒室，取材长白山的百年橡木打造的大橡木桶 772 个。通化葡萄酒曾多次作为国家领导人外交接待用酒，又被誉为“红色国酒”。

最佳游览时间： 全年皆宜

通化葡萄酒地下大酒窖

玉皇山公园

位于通化主城区浑江北岸，因清光绪年间在山中建玉皇阁而兴起，登上望江亭可俯瞰山城景色。山上修建有烈士陵园，纪念王凤阁、吕麟、王德容等烈士。

最佳游览时间： 4 月至 11 月

玉皇山　张铁兵 / 摄

玉皇山大桥　庄新岩 / 摄

滑雪摇篮

万峰通化滑雪度假区

位于东昌区金厂镇通化冰雪产业示范新城，是第二批国家级滑雪旅游度假地、省级旅游度假区、省级研学旅行基地、冬季奥运训练基地。前身为新中国第一座高山滑雪场（通化金厂滑雪场，始建于 1959 年），距离主城区江南商圈仅 15 分钟车程，是名副其实的“城市中的滑雪场”。度假区雪道面积 117 公顷，建有初、中、高级雪道 33 条，雪道总长度 31 公里、垂直落差 560 米。度假区北美风情特色商业小镇涵盖山地运动服务中心（配备 5000 套租赁雪具）、商业街、滑雪学校等配套设施，并建有北辰五洲皇冠度假酒店、鹿鸣温泉、瑞士酒店等 6 座不同风格特色的主题酒店。

最佳游览时间：11 月中旬至次年 3 月

万峰通化滑雪度假区 王闯 / 摄

1957 年第一届全国滑雪运动会（通化）团体总分第一名奖杯

1957 年第一届全国滑雪运动会通化代表合影

通化县康养谷度假区

位于通化县经济开发区赤柏松村，集滑雪娱雪和冰雪研学为一体。建设高级雪道 1 条、中级雪道 2 条、初级雪道 1 条，戏雪区提供雪圈、雪地转转、雪地自行车、打冰嘎等冰雪娱乐项目。以东北抗联板子队游击战为历史背景，打造了东北抗联红色冰雪教学基地。

最佳游览时间： 12 月下旬至次年 2 月

柳河青龙山滑雪场

位于柳河县安口镇青沟子村。雪场配有专业滑雪教练，为滑雪初学者提供“保姆式”服务，现有初级滑雪道 2 条、魔毯 2 条，设有户外娱雪区和游客服务大厅。

最佳游览时间： 12 月下旬至次年 2 月

佟佳江冰雪嘉年华

位于通化市主城区，依托佟佳江旅游度假区打造的冰雪主题乐园。建设雪上足球场、自由滑冰区、心形岛打卡地、雪人王国、小吃街、冰屋火锅等场地设施，推出冰帆、雪地摩托、蜘蛛车、雪地坦克、雪地漂移、卡丁车等冰雪娱乐项目。

最佳游览时间： 12 月底至次年 2 月

集安冰雪大世界

位于集安市通沟河石洞沟桥至鸭绿江河口，依托冰面打造的冬日限定冰雪

各地滑雪爱好者齐聚通化 王闯 / 摄

乐园。推出冰上碰碰车、冰上自行车、手滑爬犁、雪地滚筒、冰雪坦克、雪地摩托、卡丁车等冰雪娱乐项目。

最佳游览时间：12 月底至次年 2 月

上龙头雪村

位于东昌区金厂镇上龙头村（国家级乡村旅游重点镇、国家级乡村旅游重点村）。雪村建设初级滑雪道 2 条、魔毯 2 条。除滑雪项目外，配备儿童戏雪区、雪地坦克、雪地摩托车、雪地悠波球等冰雪娱乐项目。

最佳游览时间：12 月下旬至次年 2 月

千叶湖冰雪大世界

位于东昌区江雪路 1588 号，景区四面环山，是适合大众要求的冰雪旅游大世界。冬季推出抽冰嘎、滑冰车、划冰船、雪地足球、冰上摩托等游玩项目。

最佳游览时间：12 月底至次年 2 月

通化溶洞冰雪乐园

位于二道江区鸭园镇（303 省道旁），依托通化溶洞推出的冰雪娱乐业态。建设 3 个儿童戏雪区、1 个嬉冰区，包含 3 条 300 米长雪圈雪道，推出雪地碰碰球、“单腿驴”、滑冰车、冰陀螺等冰雪娱乐项目。

最佳游览时间：12 月底至次年 2 月

吉线自驾

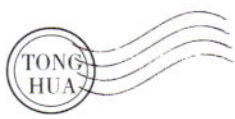

集安大吉他文化街区

位于集安市主城区，第三批国家级夜间文化和旅游消费集聚区。街区以电影《缝纫机乐队》中标志性大吉他雕塑及音乐广场为核心地标，临近集安博物馆，建有莲花公园、滨江公园等公共休闲区域，打造“大吉他”沉浸式灯光秀及玻璃栈道音乐喷泉秀。

最佳游览时间：全年皆宜

大吉他广场摇滚演出　郑嘉茗 / 摄

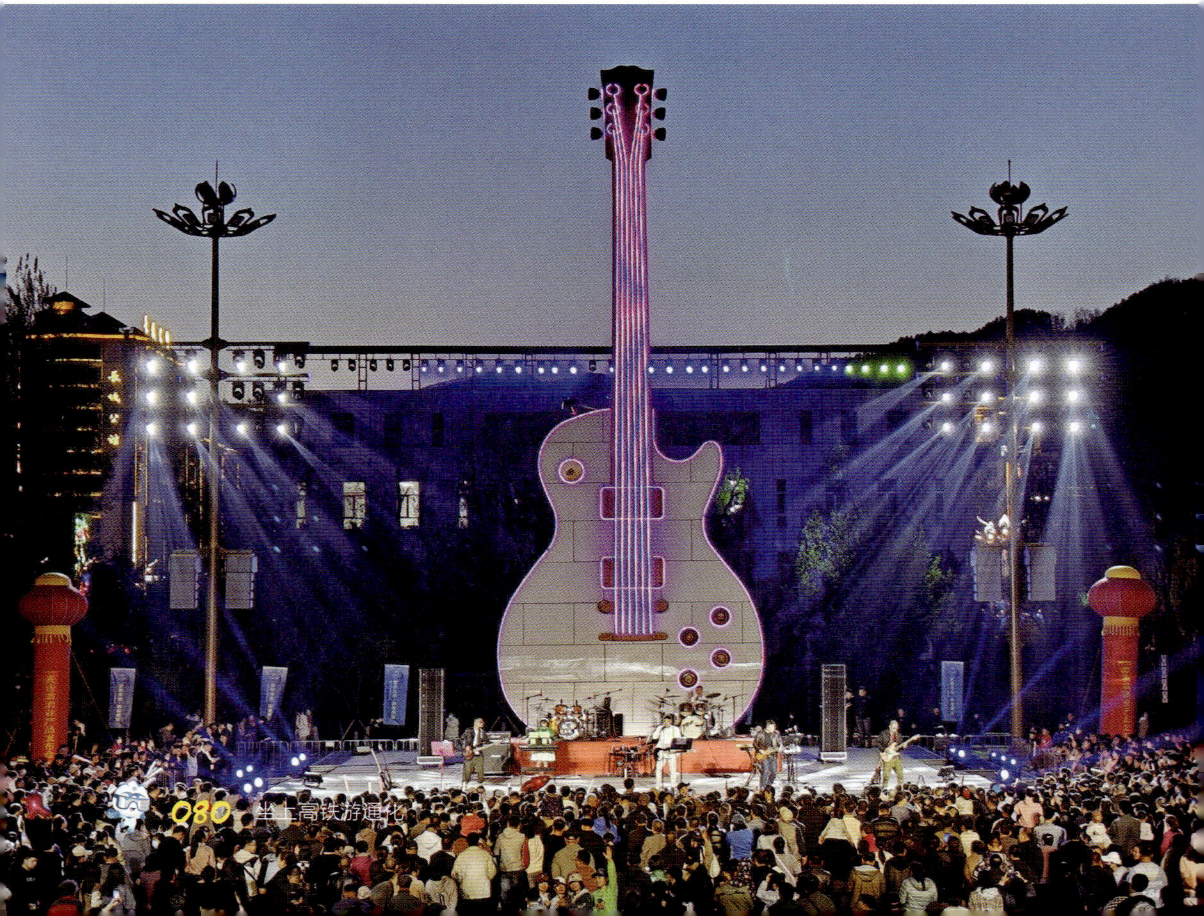

集安文创雪糕

鸭绿江游船码头

位于集安市主城区滨江广场，是乘船游览鸭绿江的主要码头之一。在此乘船沿鸭绿江而上，既能游一江之水，又可览两国风光。

最佳游览时间：4 月至 10 月

羊鱼石第一漂景区

位于集安市城东街道下解放村，吉林省界江漂流唯一线路。鸭绿江水上漂流有游轮、竹排、快艇等多种形式，漂流江段总长 12 公里。沿江两岸有“圣象吸水”“羊鱼头”石像等景观。

最佳游览时间：5 月至 10 月

鸭江谷酒庄

位于集安市青石镇，云峰水电站上游，中国山葡萄冰酒核心产区鸭绿江河谷腹地。沿鸭绿江左岸呈扇形分布，葡萄园栽培品种以“北冰红”为主，游客可近距离观赏和采摘山葡萄。

最佳游览时间：全年皆宜

云峰湖景区

位于集安市青石镇，鸭绿江上游 40 公里处，由“界河明珠”云峰水电站、象征中朝友谊纽带的云峰大坝，以及大坝截流形成的人工湖组成。可远眺对岸朝鲜云峰里居民区、火车站、木材厂和朝鲜百姓日常生活景象。

最佳游览时间： 全年皆宜

老鳖炕湿地景区

位于集安市通盛街道通沟村。景区以生态湿地、边境风情、田园风貌为主要特色，现有房车营地、木屋、帐篷、特色餐饮、越野摩托、篝火晚会等休闲业态。

最佳游览时间： 5 月至 10 月

下活龙“渔 · 坞”

位于集安市麻线乡下活龙村，吉林省 AAAA 级乡村旅游经营单位，游客可体验渔猎文化、渔坞民宿、农事体验、创意工坊、乡土美食。

最佳游览时间： 4 月至 10 月

深秋的云峰湖　任延平 / 摄

钱湾 · “果宿”

位于太王镇钱湾村（国家级乡村旅游重点村、吉林省十大乡村旅游精品村），吉林省 AAAA 级乡村旅游经营单位，村内种植苹果、梨、李子、杏、葡萄等 20 多个水果品种，种植面积达 4000 多亩。

最佳游览时间：4 月至 10 月

青石镇望江 · 云集水岸

位于集安市青石镇望江村。建设有户外帐篷露营区、桥上餐饮区、儿童游乐园、采摘区等特色区域，游客可近距离感受中朝边境的异国风情。

最佳游览时间：4 月至 10 月

康养避暑

佟佳江旅游度假区（国家 AAAA 级旅游景区）

位于通化市主城区，省级夜间文化和旅游消费集聚区。规划“一岛，一带，四大功能区”，即演艺核心岛、滨水景观带、城市文化区、运动休闲区、儿童娱乐区、山地拓展区等。园区建设与城市空间布局相呼应，成为名副其实的“城市客厅”。

最佳游览时间： 5 月至 10 月

振国养生谷壹号庄园（国家 AAAA 级旅游景区）

位于通化县英额布镇英额布水库区，是省级中医药健康旅游试点基地、吉林省 AAAA 级乡村旅游经营单位，园区是集旅游度假、餐饮住宿、商务会议、养生保健、康复疗养、生态种养殖等多功能的综合性园区。临水而建度假别墅 7 栋，度假酒店客房 158 间。游客可乘坐游船近距离观看苍鹭、鸬鹚等野生动物。

最佳游览时间： 5 月至 10 月

大泉源酒业历史文化景区（国家 AAAA 级旅游景区）

位于通化县大泉源乡，省级工业旅游示范点。大泉源酒业经历明末清初女真部落的御用烧锅至清光绪十年（1884 年）扩建成宝泉涌酒坊，至今一脉传承，遗存木制酒海群、古发酵窖池、古井、古甑锅灶台等遗址。

最佳游览时间：全年皆宜

永欣欢乐谷研学旅行基地

位于东昌区金厂镇夹皮沟村（国家级乡村旅游重点镇、国家级乡村旅游重点村），省级研学旅行基地。永欣欢乐谷是集生态旅游、民俗文化、健身娱乐于一体的旅游度假区，创新开发中医药文化研学课程，可体验中医药康养研学之旅。

最佳游览时间：全年皆宜

佟佳江旅游度假区　刘斌 / 摄

振国养生谷壹号庄园　陈卉卉 / 摄

东方红健康科技园

位于通化市医药高新区西区，国家级工业旅游示范基地、国家高新技术企业、农业产业化国家重点龙头企业、省级研学旅行基地。园区建有西洋参多功能体验中心，及孙良广场、文化林、参之园等板块，配备 90 间标准客房。

最佳游览时间：全年皆宜

云岭野山参风景区

位于柳河县经济开发区，是国家人参工程研究中心科研基地、省级中医药健康旅游试点基地，保护区致力于野山参的繁衍护育、研发、生产，创新开发人参元气水、野山参酒、人参化妆品等产品享有盛誉。走进云岭野山参保护区，体验采参活动，感受传统采参技艺。

最佳游览时间：6 月至 10 月

云岭野山参保护种植区

中国山葡萄酒博物馆（国家 AAAA 级旅游景区）

位于通化县快大茂镇山葡萄酒文化产业园，农业产业化国家重点龙头企业、省级研学旅行基地。园区占地面积 12 万平方米，建有中国山葡萄酒博物馆、通天葡萄酒生产车间、原酒储藏车间、山葡萄酒种植示范园、多功能地下酒窖等部分，游客可深入了解中国葡萄酒发展历史。

最佳游览时间：全年皆宜

中国山葡萄酒博物馆

鹿鸣温泉

位于东昌区金厂镇万峰通化滑雪度假区。引入长白山余脉地下深度 1900 米处纯天然温矿泉水，建设 5000 平方米室内大型嬉水乐园，室内外温泉汤池 12 个，配备温泉洗浴、休息区、餐饮区、汗蒸区等功能区域，独立温泉客房 70 间。

最佳游览时间：全年皆宜

鹿鸣温泉

金航酒庄

位于二道江区二道江乡桦树村（省道 303 公路旁）。酒庄依据山势建设“洞穴式”双层酒窖，游客可参与葡萄酒品鉴、DIY 酿造体验，深入了解葡萄酒文化和酿酒工艺。

最佳游览时间：全年皆宜

参乡水街

位于柳河县主城区，依托“中国野山参之乡”金字招牌，结合徽派建筑和水系特点而得名。参乡水街以一河为轴、两街为带，布局参乡姑娘、蝶桥、参宝树等 19 处美陈，3 场特色水上大秀，10 余处沉浸式主题场景，打造“文化 + 旅游 + 消费”业态融合场景。

最佳游览时间： 全年皆宜

珩阳逸景康养度假小镇

位于柳河县罗通山镇自立村。小镇以逸景大峡谷漂流项目为核心，兼营康养、生态农业、温泉养生、东北特色民宿服务。逸景大峡谷漂流全程 11.2 公里，是夏日必游经典项目。

最佳游览时间： 5 月至 10 月

罗圈河谷科博园

位于通化县石湖镇罗圈河谷，省级研学旅行基地、吉林省 AAAA 级乡村旅游经营单位。以“红色教育 + 生态研学 + 休闲旅游”为核心。获评“全国研学旅行基地”。

最佳游览时间： 5 月至 10 月

白车轴露营地

位于通化县石湖镇老岭村（国家级乡村旅游重点村），大罗圈河畔。营地建有阳光别墅 7 栋、半山屋 5 个、林间宿 5 个，以及帐篷露营地，还有阳光餐厅、无边泳池、户外烧烤等设施，一站式享受登山、溯溪和露营等各种活动。

最佳游览时间： 5 月至 10 月

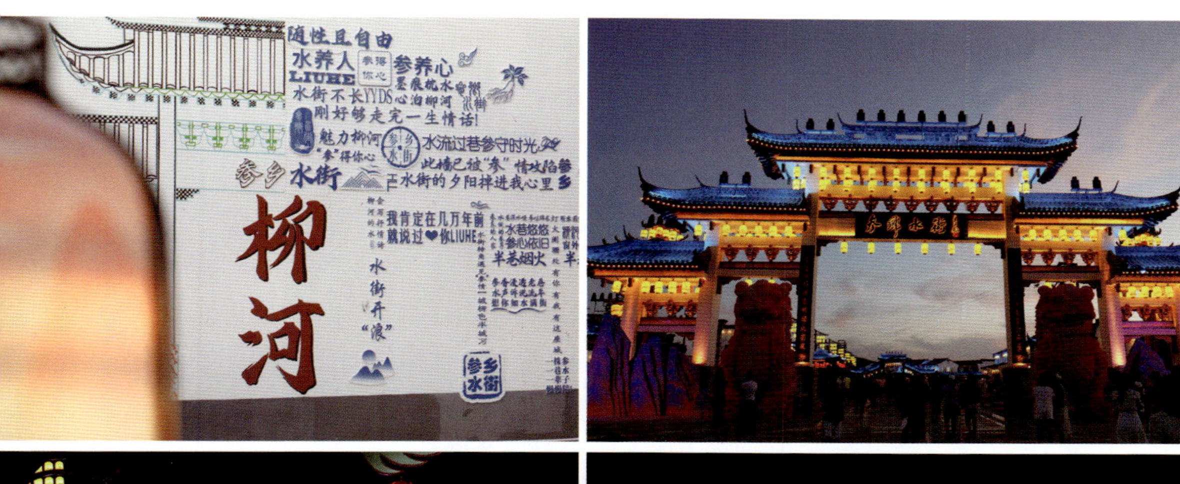
随性且自由
水养人
LIUHE
参得你心
参养心
墨痕枕水
心泊柳河
水街不长YYDS
刚好够走完一生情话!
魅力柳河
"参"得你心
参乡水街
水流过巷参守时光
此桥已被"参"情攻陷
水街的夕阳掉进我心里
参乡
水街
柳河
我肯定在几万年前
就说过❤你LIUHE
水巷悠悠
参心依旧
半巷烟火
水街开"浪"
参乡水街

参乡水街

田园风光

西夹荒生态旅游度假区

位于辉南县金川镇龙湾堡村（国家级乡村旅游重点镇），吉林省 AAAAA 级乡村旅游经营单位、省级研学旅行基地。度假区保留草房顶、黄泥墙、木栅栏等原始村庄风貌，打造 140 间东北传统黄土草房主题客房。游客可体验草编、摊煎饼等亲子研学活动，品尝铁锅炖等东北特色美食。

最佳游览时间：全年皆宜

梦里水乡 · 贡米小镇

位于通化县西江镇太平村（国家级乡村旅游重点镇），长白山南麓“鱼米之乡”。景区围绕稻米文化打造稻田文化园、石磨文化园、果家体验园、稻家里民俗大院等景点，是集休闲、观光、研学、采摘于一体的稻田文旅综合体。

最佳游览时间：5 月至 10 月

大明牧场民宿

位于东昌区金厂镇上龙头村（国家级乡村旅游重点镇、国家级乡村旅游重点村）、丙级民宿。民宿建有客房 18 间，可提供围炉煮茶、上房揭瓦、露营烧烤和户外拓展研学等休闲娱乐项目。

最佳游览时间：全年皆宜

梦里水乡·贡米小镇

西夹荒生态旅游度假区　朱毓峰／摄

通化华润希望小镇 吴祎朔 / 摄

通化华润希望小镇

位于东昌区金厂镇上龙头村（国家级乡村旅游重点镇、国家级乡村旅游重点村），是华润集团在全国范围内捐建的第 14 座（东北首座）希望小镇，旨在打造独具特色的四季“田园综合体”。望春山温泉酒店度假区建有精酿坊、客房、儿童体验区、亲水湖畔、观景平台等多个功能区。

最佳游览时间： 全年皆宜

自在堂民宿

位于大安镇湖上村，四方山脚下，丙级民宿。建有沿河景观带及帐篷露营地，现有民宿客房 5 间、木屋 2 个、阳光别墅 1 间、大帐篷 5 顶、中帐篷 4 顶，可接纳 200 人同时用餐。

最佳游览时间： 5 月至 10 月

“上湖上”民宿

位于通化县大安镇湖上村，依托四方山自然资源，规划“一轴三核、水系环绕”格局，打造合院区、木屋区、工坊区，建设13个雅致合院、69间乡野客房、10个野奢木屋休闲康养精品民宿聚集区。

最佳游览时间：全年皆宜

“上湖上”民宿

金江花海

位于东昌区金厂镇（国家级乡村旅游重点镇），建有五彩花田区、儿童游乐区、花甜酒香酒店区等多个功能区，设有经济作物繁育基地，融合农业观光与科普教育功能。

最佳游览时间：6月至10月

金江花海

民族风情

凉水朝鲜族乡永泉村寨

位于集安市凉水朝鲜族乡。建有凉水朝鲜族民俗文化展示馆和朝鲜族风格民居，同时建有表演舞台、文化长廊，还有朝鲜族秋千、跷跷板、弓箭、投壶场地，为游客提供朝鲜族民俗活动体验。

最佳游览时间： 4 月至 10 月

凉水朝鲜族乡天梨山庄

位于集安市凉水朝鲜族乡。种植寒富苹果、北京红、尖巴酸梨等优质水果 5000 余亩。春日可赏梨花美景，秋天可体验采摘乐趣，尽情享受清新自然。

最佳游览时间： 4 月至 10 月

楼街乡朝鲜族民俗园

位于辉南县楼街乡龙光村。民俗园设有朝鲜族文化展馆，可乘坐观光小火车穿梭景点间领略稻田等美景，美食街区提供酸辣泡菜、软糯打糕等地道美食，游客可更换朝鲜族服饰打卡拍照。

最佳游览时间： 全年皆宜

楼街乡朝鲜族民俗园

光辉
中华民族一家亲

金斗朝鲜族民俗村

位于通化县金斗乡，民俗村仿照朝鲜族民居的样式，置身此地，会被悠扬的朝鲜族音乐和浓郁的朝鲜风情建筑包围。景区设有民俗展馆、儿童游乐设施，还可品尝朝鲜族美食。

最佳游览时间： 5 月至 10 月

朝鲜族民俗　宋延文／摄

part 4 第四篇章

四季通化 精品旅游线路

通化，春夏秋冬皆盛景，四季美景皆不同。春季赏杜鹃奇观、踏青访古、追寻红色印记；夏季享森林康养、边境探秘、生态采摘；秋季看稻谷金黄、红叶摄影、民俗体验；冬季访冰雪童话、滑雪狂欢、冬补养生……乘坐沈白高铁，一路向东，跨越山海，感受山水边城的多彩魅力。

春季线路（4 月至 5 月）

最美人间四月天。初春时节，穿越历史古迹，追忆峥嵘革命岁月；走进旧时光，尽情领略关东宝地的深厚历史底蕴和独特魅力；在草长莺飞的温柔春光中，漫步花海，体验冰瀑与山花同框的自然奇观；置身于火山温泉，赴一场春雪幻境的浪漫之约。

故宫博物院

主题线路一：文化古迹 · 浪漫边境

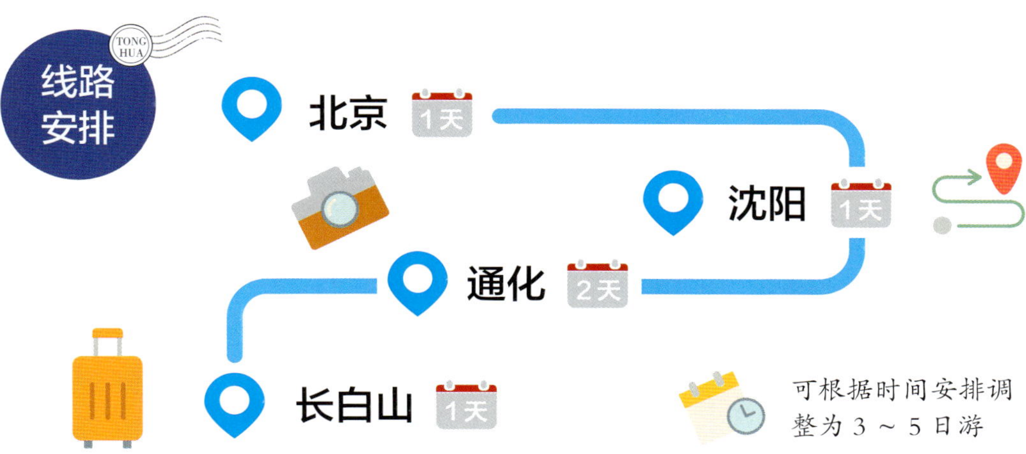

D1 北京

天安门广场观看升旗（独属于国人的浪漫和仪式感，记得提前查询升旗时间）⟶故宫博物院（明清两代的皇家宫殿，中轴线参观三大殿）⟶景山公园（故宫神武门出来正对面就是景山公园，登上万春亭，俯瞰故宫全景和世界文化遗产北京中轴线的壮丽景色）⟶什刹海 Citywalk（漫步历史街区，体验老北京风情）

也可根据喜好选择八达岭长城、颐和园、中国国家博物馆、北京环球度假区、798 艺术区、泡泡玛特城市乐园、南锣鼓巷等。

D2 沈阳

乘坐高铁前往沈阳⟶沈阳故宫博物院（领略中国仅存的两大宫殿建筑群之一，建议游玩时间 2 ~ 3 小时）⟶张学良旧居（沈阳故宫步行可达，半部传奇民国史，一段才子佳人缘）⟶沈阳中街（品尝沈阳特色美食）⟶西塔风情街（充满韩式氛围的网红街区，体验沈阳夜生活）

D3 通化（主城区、集安市）

乘坐高铁前往通化⟶通化市博物馆（回溯通化6000年文明脉络，在珍贵文物中了解城市发展的基因密码）⟶通化市满族文化展览馆（探寻满族文化发源地的历史）⟶下午乘车或自驾前往集安市（车程约1小时）⟶大吉他文化街区（看一场大吉他广场的灯光秀，感受夜晚鸭绿江边漫步的松弛感）

D4 通化（集安市）

集安早市（感受东北早市的烟火气）⟶集安市博物馆（全方位展示高句丽历史文化的专题博物馆，在这里为随后参观高句丽文物古迹旅游景区做好知识铺垫）⟶集安火盆街（品尝高丽火盆）⟶长寿王陵（可参观了解文物修复工作）⟶好太王碑⟶丸都山城（体验“模拟考古”研学课程）⟶乘车或自驾返回通化市区（车程约1小时，晚上可选择夜游通化老城·龙兴里、佟佳江旅游度假区，入住江南商圈商务酒店或龙兴里客栈等主题酒店）

小游客在展示“模拟考古”研学成果

“模拟考古”研学课程

D5 长白山

方案①：乘坐高铁前往长白山⟶长白山西站（白山市抚松县松江河镇）⟶长白山西景区⟶松江河镇（入住长白山万达国际度假区或特色民宿）

方案②：乘坐高铁前往长白山⟶长白山站（延边朝鲜族自治州安图县二道白河镇）⟶长白山北景区⟶二道白河镇（入住温泉酒店或特色民宿）

主题线路二：山花烂漫·红色追忆

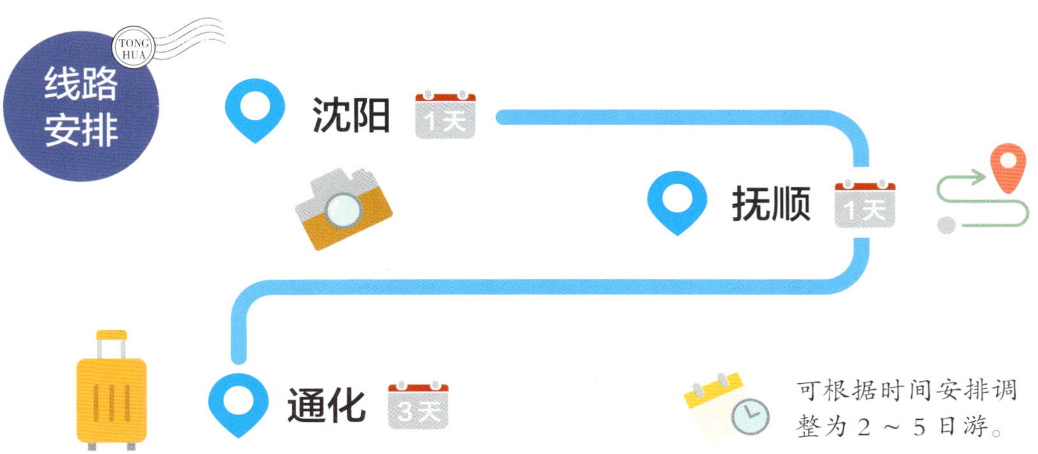

D1 沈阳

“九一八”历史博物馆（全面反映“九一八事变”及东北人民14年抗战历史）——→辽宁省博物馆（前身是中华人民共和国建立的第一座大型博物馆）——→张学良旧居（半部传奇民国史）——→沈阳中街（品尝沈阳特色美食）

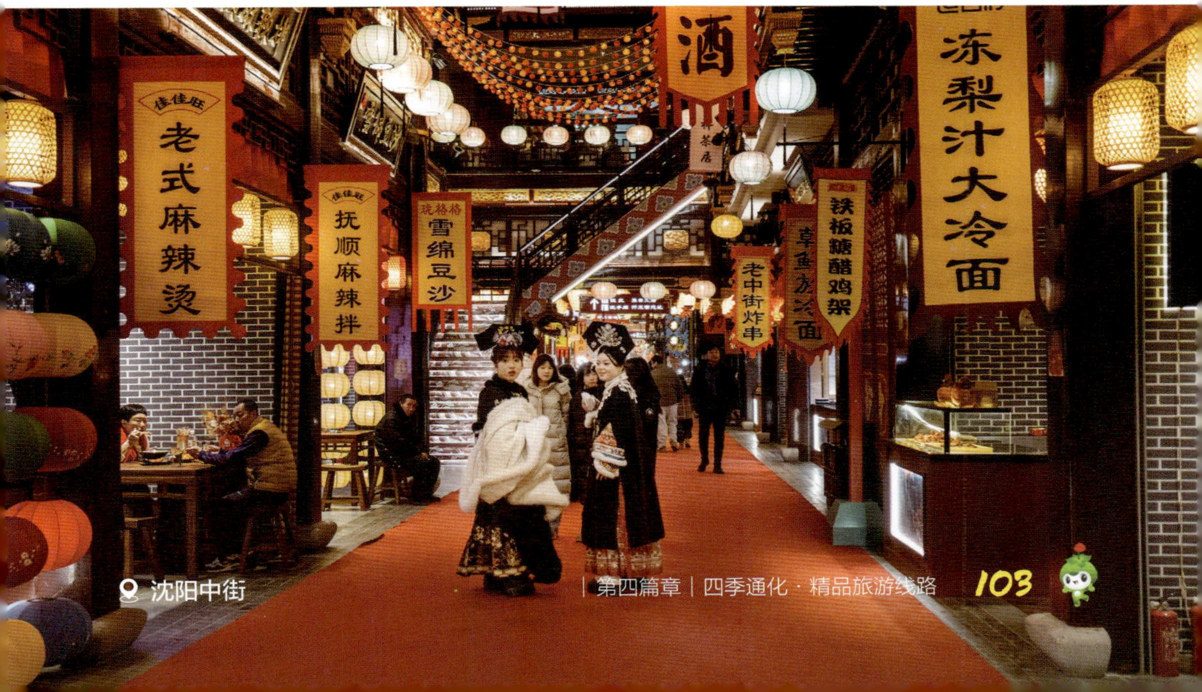

沈阳中街

D2 抚顺、通化

乘坐高铁前往抚顺——→抚顺市雷锋纪念馆（拜谒雷锋墓，参观雷锋同志生平事迹展览，传承雷锋精神）——→赫图阿拉城（沉浸式体验满族婚俗，吃八碟八碗）——→乘坐高铁前往通化——→通化老城 · 龙兴里（感受民国风情的通化老街，天幕美食街有常态化演艺秀，晴天晚间在大戏台前有篝火晚会）

D3 通化（主城区、集安市）

杨靖宇烈士陵园（拜谒民族英雄杨靖宇将军）——→东北抗日联军纪念馆（紧邻杨靖宇烈士陵园，感受东北抗联浴血十四载，用生命和信念铸就的东北抗联精神）——→玉皇山公园（可领略一江碧水穿城过，十里青山揽怀中的景象，山上建有玉皇山烈士陵园）——→乘车或自驾前往集安市（车程约 1 小时）——→大吉他文化街区（看一场大吉他广场的灯光秀，感受夜晚鸭绿江边漫步的松弛感）

杨靖宇烈士陵园

通化（集安市）

集安早市（感受东北早市的烟火气）⟶鸭绿江国门景区（“抗美援朝第一渡”所在地）⟶下解放“红之宿”度假区（品尝铁锅炖等农家饭菜）/集安火盆街（品尝正宗高丽火盆）⟶鸭绿江游船码头（乘坐游船尽赏边境风光）⟶乘车或自驾返回通化市区（车程约 1 小时）

抗美援朝第一渡文化廊道

通化（通化县 / 辉南县）

方案①：乘车或自驾前往通化县兴林镇（车程约 50 分钟）⟶大荒沟文旅小镇（适合青少年研学游）⟶乘车或自驾返回通化市区（车程约 50 分钟，或可就近选择民宿住宿，第二天返回通化市区或前往其他景区）

方案②：乘车或自驾前往辉南县朝阳镇（车程约 2 小时）⟶品尝特色核桃炭烤肉⟶庆阳兵工遗址公园（车程约 30 分钟，由原国营第五五一四厂改造而成，如今已成为东北地区规模最大、数量最多、保存最完好的三线兵工遗址群）⟶石道河抗联纪念馆（车程约 25 分钟，配套特色主题民宿，推出“抗联餐”特色饮食）⟶乘车或自驾返回通化市区（车程约 2 小时 30 分钟，或可就近入住石道河镇 / 金川镇特色民宿，第二天前往四方顶景区 / 吉林龙湾景区 / 七色山花谷）

鸭绿江远眺群山如巨龙饮水　欣妍 / 摄

夏季线路（6月至8月）

群山环绕，碧水穿城，这里是山水相依相融的生态通化。一江之隔，两国风情，中朝两岸风光尽收眼底；在原始森林中探秘形似“北斗七星”的龙湾群；搭一顶帐篷，在四方顶子看云卷云舒；与星辰为伴，在四方山看一场日出，悄悄许下浪漫的愿望；邀上三五好友戏水玩耍，在悠闲的慢生活中感受田园浪漫、品味乡村农韵……用“22℃的夏天”重新定义消夏避暑的“诗和远方”。

四方山云海

主题线路一：夏驿站通化·自然探秘

通化 

可根据时间安排调整为 1 ~ 4 日游。

通化（主城区）

乘坐高铁前往通化——→通化葡萄酒地下大酒窖（从地上进入到地下酒窖，扑面而来的葡萄酒和橡木桶的香气令人沉醉，这里常年保持天然恒温恒湿，温度保持在 10~15℃）——→通葡股份世界甜酒文化博览中心（学习世界甜酒发展的历史与文化，开一场品酒会）——→通化溶洞（下午前往二道江区，在夏季享受天然“冷库”的清凉，感受大自然千万年的鬼斧神工）——→佟佳江旅游度假区（伴着五彩斑斓的灯光，漫步通化的“城市客厅”，在消夏的夜晚尽情“森”呼吸）

佟佳江旅游度假区儿童娱乐区

佟佳江旅游度假区木屋民宿

通化森林公路越野赛

通化（辉南县）

乘车或自驾前往辉南县金川镇（车程约 1 小时 40 分钟）⟶吉林龙湾景区（探秘原始森林里的湛蓝明珠，依次游览大龙湾、吊水壶、三角龙湾景区，可体验龙湾漂流，亲子游可参观吉林龙湾宣教馆）⟶西夹荒生态旅游度假区（临近龙湾群的世外桃源，享受品茗畅饮、烧烤娱乐、民俗体验、亲子互动的悠闲田园时光）⟶乘车或自驾返回通化市区（车程约 2 小时，或可入住西夹荒生态旅游度假区民宿，第二天前往四方顶景区后再返回通化市区）

通化（集安市）

乘车或自驾前往集安市（车程约 1 小时）⟶鸭绿江游船码头（乘坐游船尽赏边境风光）⟶鸭绿江国门景区（"抗美援朝第一渡"所在地）⟶集安火盆街（品尝高丽火盆）/ 集安烧烤特色餐饮街（品尝一顿特色明火烤肉）⟶大吉他文化街区（多元业态与文化体验融合，打卡标志性建筑）

游客用文创雪糕打卡大吉他广场

D4 通化（集安市 / 主城区）

五女峰国家森林公园（洞天皓月一线天奇观，沉浸式欣赏峡谷瀑布，可以挑战登顶“仙人台”，不妨留意山中的小动物）——→乘车或自驾返回通化市区（车程约 1 小时）——→通化老城 · 龙兴里（感受民国风情的通化老街，天幕美食街有常态化演艺秀，晴天晚间在大戏台前有篝火晚会）

通化老城 · 龙兴里

主题线路二：自驾 G331 · 边境风情

通化 

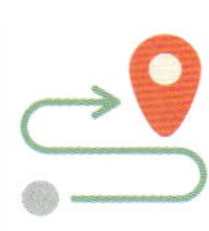

可根据时间安排调整为 2 ~ 5 日游。

长白山 

通化（主城区）

乘坐高铁前往通化⟶杨靖宇烈士陵园（拜谒民族英雄杨靖宇将军）⟶东北抗日联军纪念馆（紧邻杨靖宇烈士陵园，感受东北抗联浴血十四载，用生命和信念铸就的东北抗联精神）⟶玉皇山公园（可领略“一江碧水穿城过，十里青山揽怀中”的景象，玉皇山脚下的“老胡抻面”是藏在小巷里的通化味道）⟶通化溶洞（下午前往二道江区，在夏季享受天然“冷库”的清凉，感受大自然千万年的鬼斧神工，可沿线参观金航酒庄）⟶通化老城 · 龙兴里（感受民国风情的通化老街，天幕美食街有常态化演艺秀，晴天晚间在大戏台前有篝火晚会）

D2 通化（集安市）

乘车或自驾前往集安市（车程约 1 小时）⟶集安市博物馆（全方位展示高句丽历史文化的专题博物馆，在这里为随后参观高句丽文物古迹旅游景区做足攻略）⟶集安火盆街（品

集安市博物馆

尝高丽火盆）→长寿王陵（可参观了解文物修复工作）→好太王碑→丸都山城（体验“模拟考古”研学课程）→大吉他文化街区（依托电影 IP 打造的文旅新地标，可拍照留念）

D3 通化（集安市）

羊鱼石第一漂景区

集安早市（感受东北早市的烟火气）→鸭绿江国门景区（“抗美援朝第一渡”所在地）→羊鱼石第一漂景区（乘坐竹筏顺流而下，体验鸭绿江漂流，感受“一江碧水分两国”的独特景致）→云峰湖景区（登云峰大坝，远观朝鲜百姓日常生活景象）→乘车或自驾前往白山市抚松县松江河镇（车程约 4 小时，中途可选择参观鸭江谷酒庄）

云峰湖景区

D4 长白山

长白山西景区（临近长白山万达国际度假区和长白山机场，徒步爬上 1442 级台阶可以俯瞰天池，是观赏天池角度最佳的地方之一）⟶西坡天池（乘坐大巴车抵达山上停车场后步行攀登）⟶锦江大峡谷⟶高山花园⟶乘车或自驾前往延边朝鲜族自治州安图县二道白河镇（车程约 2 小时）

D5 长白山

长白山北景区（开发时间早，景区设施完善，周围景点众多）⟶北坡天池（游客集散中心乘车前往）→长白瀑布（步行前往）⟶聚龙温泉群（高热温泉，品尝温泉鸡蛋）⟶绿渊潭（长白山之绿渊潭，风景灵秀若画卷）⟶地下森林（长白山北景区海拔最低的景点）⟶传奇小镇长白山传奇飞行体验馆（观看影片《飞越长白山》《飞越神州》，悬空座椅 6 个自由度顺畅切换，置身空中感受穿越峡谷、飞越崇山峻岭的刺激）

长白山天池 卓永生 / 摄

主题线路三：城市烟火气·研学之旅

沈阳

可根据时间安排调整为 2 ~ 4 日游。

通化

沈阳

乘坐高铁前往沈阳⟶辽宁省博物馆（前身东北博物馆是中华人民共和国建立的第一座大型博物馆）⟶沈阳故宫博物院（一砖一瓦皆历史，参观后可购买八旗冰棍、御赐福袋等文创产品，还能集章留念）⟶张学良旧居（沈阳故宫步行可达，体会半部传奇民国史）⟶沈阳中街（品尝沈阳特色美食）

沈阳

方案①：沈阳植物园（沈阳世博园，东北地区收集植物种类最多的植物展园）⟶浑河两岸（骑行或漫步，感受浑河夕阳和霓虹夜景）⟶西塔风情街（充满韩式氛围的网红街区，体验沈阳夜生活）

方案②：沈阳棋盘山风景区（传说铁拐李和吕洞宾在长白山天池采莲沐浴后在此对弈，因此得名“棋盘山”，棋盘山、辉山、大洋山、秀湖，三山环抱一泓碧水，构成众星捧月之势）⟶沈阳森林动物园（展出多种珍稀野生动物，现有 4 只大熊猫，还是全国最大的丹顶鹤人工繁育科研基地）⟶ 1905 文化创意园 / 红梅文创园（拍照打卡，留下美美的朋友圈）⟶西塔风情街（充满韩式氛围的网红街区，体验沈阳夜生活）

D3 通化（主城区）

乘坐高铁前往通化⟶杨靖宇烈士陵园（拜谒民族英雄杨靖宇将军）⟶东北抗日联军纪念馆（紧邻杨靖宇烈士陵园，感受东北抗联浴血十四载，用生命和信念铸就的东北抗联精神）⟶永欣欢乐谷研学旅行基地/宋氏百年（体验中医药研学课程）⟶通化老城·龙兴里（感受民国风情的通化老街，天幕美食街有常态化演艺秀，亲子游也可选择入住鹿鸣温泉）

永欣欢乐谷研学课程

D4 通化（集安市/通化县/柳河县/辉南县）

方案①：乘车或自驾前往集安市（车程约1小时）⟶鸭绿江国门景区（“抗美援朝第一渡”所在地）⟶下解放“红之宿”度假区（拓展中心、儿童乐园）⟶“渔·坞”农村创新创业基地（下午前往集安市麻线乡下活龙村，参观渔猎博物馆、乡里农创园、陶艺基地、酿酒工坊、布艺工坊，体验非遗技艺课程）⟶大吉他文化街区（设有电影同款台阶、隐藏歌词墙等打卡点）

中华人民共和国集安口岸

方案②：乘车或自驾前往通化县（车程约25分钟，途经东方红健康科技园，可选择参观体验人参文化）⟶中国山葡萄酒博物馆（了解葡萄酒起源和历史，参观地下酒窖、山葡萄种植示范园，体验葡萄酒研学课程）⟶大泉源酒业历史文化景区（大泉源酒业历史文化博物馆，了解古代酿酒工艺，近距离参观古井、古发酵窖池等遗迹）⟶通化县康养谷度假区（可体验夏季拓展研

学项目）

方案③：乘车或自驾前往通化县兴林镇（车程约 50 分钟）——→大荒沟文旅小镇（适合青少年研学游）——→乘车或自驾前往通化县光华镇（车程约 25 分钟）——→禾韵蓝莓种植园（7 月中旬蓝莓逐渐进入成熟期）——→入住“上湖上”民宿等周边特色民宿（第二天可早起观四方山日出）

大荒沟文旅小镇拓展营

方案④：乘车或自驾前往柳河县向阳镇（车程约 1 小时 50 分钟）——→云岭野山参风景区（跟着“参把头”体验人参采挖习俗，参观野山参博物馆，看吉尼斯大世界官方认证的野山参王酒，可品尝特色黑牛肉和人参鸡汤）——→珩阳逸景康养度假小镇（体验一次珩阳逸景大峡谷漂流）——→柳河参乡水街（观看驻场演艺秀，青石板路、马头墙、乌篷船，拍出《梦华录》同款大片）

方案⑤：乘车或自驾前往辉南县金川镇（车程约 1 小时 40 分钟）——→吉林龙湾景区（探秘原始森林里的湛蓝明珠，依次游览大龙湾、吊水壶、三角龙湾景区，可体验龙湾漂流，亲子游可参观吉林龙湾宣教馆）——→西夹荒生态旅游度假区（临近龙湾群的世外桃源，享受品茗畅饮、烧烤娱乐、民俗体验、亲子互动的悠闲田园时光）——→乘车或自驾返回通化市区（车程约 2 小时，或可入住西夹荒生态旅游度假区民宿，第二天前往四方顶景区后再返回通化市区）

主题线路四：乡村微度假 · 民俗风情

线路安排

通化 2天

可根据时间安排调整为 1 ～ 2 日游。

通化（主城区）

乘车或自驾前往东昌区金厂镇（车程约 1 小时）⟶通化华润希望小镇（现代田园综合体，由望春山温泉酒店、乡村民宿群、特色精酿坊、景观人工湖、邻水休闲廊道及观景平台等部分构成）⟶金江花海（花甜酒香民宿酒店）/ 大明牧场民宿（体验户外烤全羊、品尝现做乳品和地道农家菜）/ 龙源溪谷烧烤民宿（小溪边的自助烧烤，入住森林星空顶民宿）/ 千叶湖景区（蒙古包餐厅打卡烤全羊、铁锅炖湖鱼等特色美食）

通化（通化县 / 集安市 / 柳河县 / 辉南县）

方案①：乘车或自驾前往通化县西江镇（车程约 1 小时）⟶梦里水乡 · 贡米小镇（游览石磨文化园、稻米文化园、果家体验园等，近距离感受鱼米之乡的稻田、鸭舍、炊烟，体验水果采摘）

方案②： 乘车或自驾前往通化县（车程约 25 分钟，途经东方红健康科技园，可选择参观体验人参文化）⟶通化快大人参产业园（赶一次人参大集）⟶乘车或自驾前往通化县英额布镇（车程约 35 分钟）⟶振国养生谷壹号庄园（亲近英额布水库自然生态，体验中医药康养文化）

方案③： 乘车或自驾前往通化县石湖镇（车程约 1 小时 15 分钟，参观老岭隧道等抗联遗址）⟶罗圈河谷科博园（体验拓展训练、民俗研学、漂流等项目）⟶白车轴度假露营基地（夜晚点燃篝火，看夜空群星闪烁）

方案④： 乘车或自驾前往集安市（车程约 1 小时，途经中国 · 澳洋野山参国际交易市场，可选择参观体验人参文化）⟶老鳖炕湿地景区（有房车营地、越野摩托车、篝火晚会，体验生态湿地和边境风情）/ 凉水朝鲜族乡永泉村寨（参观朝鲜族民俗文化展示馆，体验朝鲜族秋千、跷跷板、弓箭、投壶等项目）/ 青石镇望江 · 云集水岸（打卡“云集水岸 · 时光隧道”，在集装箱民宿群，来一场自在的草地露营烧烤）/“渔 · 坞”农村创新创业基地（参观渔猎博物馆、乡里农创园、陶艺基地、酿酒工坊、布艺工坊，体验非遗技艺课程）

方案⑤： 乘车或自驾前往柳河县（车程约 1 小时 15 分钟）⟶凉水河子绿水山庄（位于柳河县凉水河子镇，参观鸭田贡米试验田，体验四合院民宿）/ 百年梨园（位于柳河县柳河镇，拥有百年以上梨树百余株）⟶珩阳逸景康养度假小镇（体验一次珩阳逸景大峡谷漂流）⟶柳河参乡水街（观看驻场演艺秀，青石板路、马头墙、乌篷船，拍出《梦华录》同款大片）

梦里水乡 · 贡米小镇 李晓陆 / 摄

四方顶子 刘楠 / 摄

方案⑥：乘车或自驾前往辉南县朝阳镇（车程约 2 小时）⟶品尝特色核桃炭烤肉⟶楼街乡朝鲜族民俗园（参观朝鲜族文化体验区，打卡民俗墙，穿上艳丽的朝鲜族服饰，记录“在逃小公主”的优雅）⟶辉南夜市（感受夜市的热闹，满满的小城烟火气）

方案⑦：乘车或自驾前往辉南县金川镇（车程约 1 小时 40 分钟）⟶西夹荒生态旅游度假区（临近龙湾群的世外桃源，享受品茗畅饮、烧烤娱乐、民俗体验、亲子互动的悠闲田园时光）⟶四方顶景区（登上瞭望塔，看一次日落，俯瞰山野）

西夹荒生态旅游度假区民宿小院

秋季线路（9 月至 11 月）

岁月忽向晚，山河染秋韵。秋色精心酿造出独有的山城浪漫，就像是大自然的调色盘，具有东北地域特色的“五花山”缤纷呈现，抬眼层林尽染，脚边绿水清莹，秋意晕染山水、人文、烟火与历史；古城墙掩映千年高句丽文明，见证高句丽政权的兴衰变迁；走进充满东北风情的民俗小院，近距离体验长白山民俗浮雕等自然与人文相得益彰的民俗之美。

层林尽染的“五花山”

主题线路一：漫山红叶·秋染山城

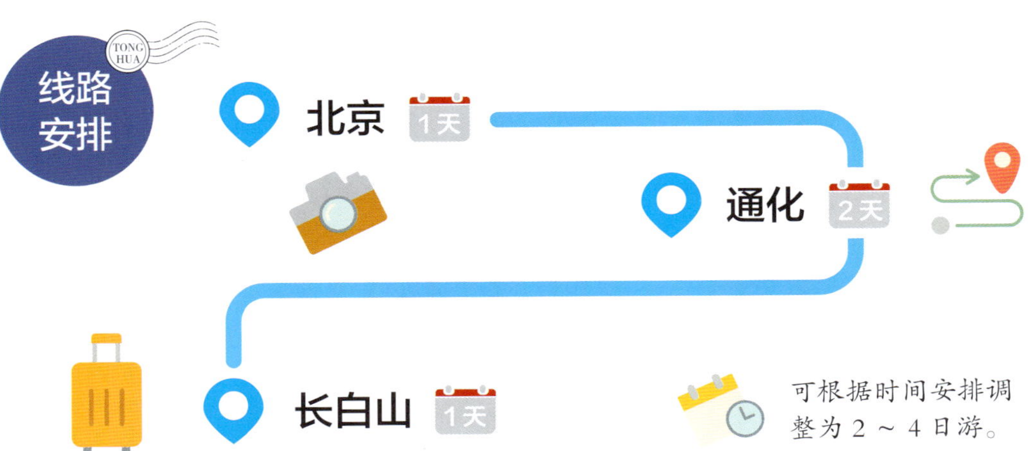

D1 北京

方案①： 八达岭长城（雄伟的长城与柔美的红叶交相辉映）⟶颐和园（中国古典园林的典范，昆明湖畔和万寿山上的红叶，与园中的古建筑相得益彰，建议落日前后抵达园内）⟶簋街（品尝特色美食，也可选择 798 艺术区、南锣鼓巷等）

方案②： 香山公园（北京著名赏红叶胜地，可乘坐索道上山，在香炉峰山顶观景台俯瞰全景）⟶香山革命纪念馆（集中展示中共中央 1949 年驻留香山时期领导解放战争胜利，筹建新中国的光辉历史）⟶蓝色港湾（体验北京夜生活，适合打卡拍照，也可选择华熙 LIVE · 五棵松、什刹海等）

D2 通化（主城区）

乘坐高铁前往通化⟶玉皇山公园（可领略“一江碧水穿城过，十里青山揽怀中”的景象，玉皇山脚下的“老

胡抻面”是藏在小巷里的通化味道）⟶佟佳江旅游度假区（漫步在通化的“城市客厅”，来一场“森”呼吸）⟶通化老城·龙兴里（感受民国风情的通化老街，天幕美食街有常态化演艺秀，晴天晚间在大戏台前有篝火晚会）

 通化（集安市 / 通化县）

方案①：乘车或自驾前往集安市（车程约 1 小时）⟶五女峰国家森林公园（登高远眺层林尽染，洞天皓月一线天奇观，沉浸式欣赏峡谷瀑布与红叶同框，可以挑战登顶“仙人台”，这里是秋日通化的摄影天堂）⟶集安火盆街（品尝高丽火盆）⟶大吉他文化街区（打卡标志性建筑，体会电影与文旅融合的魅力）

头道镇秋日稻田　董志明 / 摄

方案②：乘车或自驾前往通化县大安镇（车程约 50 分钟）⟶四方山景区（四方山森林公园，适合观看日出云海的网红打卡地，需徒步登山）⟶大安松花石产业园（亲手触摸“御砚”松花石砚，来一场历史与文化的邂逅）⟶“上湖上”民宿（置身在漫山红叶和野奢木屋同框的乡村田园景象，第二天返回通化市区）

长白山

方案①：乘坐高铁前往长白山⟶长白山西站（白山市抚松县松江河镇）⟶长白山西景区⟶松江河镇（入住长白山万达国际度假区或特色民宿）

方案②：乘坐高铁前往长白山⟶长白山站（延边朝鲜族自治州安图县二道白河镇）⟶长白山北景区⟶红石峰景区⟶二道白河镇（入住温泉酒店或特色民宿，长白山北景区和红石峰景区也可拆分 2 天慢节奏游览）

秋日五女峰沿线风景　张志铮 / 摄

主题线路二：金秋采风 · 文化探寻

沈阳

可根据时间安排调整为 2 ～ 5 日游。

通化

沈阳

方案①：沈阳植物园（沈阳世博园，栽植露地木本植物、露地草本植物和温室植物 2000 余种，是东北地区收集植物种类最多的植物展园）⟶浑河两岸（可以在滨水慢道系统漫步或骑行）⟶沈阳中街（体验沈阳的烟火气）

方案②：沈阳棋盘山风景区（赏红叶谷漫山彩林）⟶沈阳故宫博物院（融合汉、满、蒙古、藏多民族建筑艺术精华）⟶丁香湖公园（沈阳最大的人工城中湖，傍晚可欣赏绝美蛋黄日落）

D2

通化（主城区）

乘坐高铁前往通化⟶通化市博物馆（综合性博物馆，并融合科技展览与高志航纪念馆功能）⟶通化市满族文化展览馆（探寻满族文化发源地的历史）⟶佟佳江旅游度假区（伴着五彩斑斓的灯光，漫步通化的"城市客厅"，享受秋日的清凉，也可选择前往玉皇山公园、自安山城遗址公园）⟶通化老城 · 龙兴里（民国风情文旅小镇，深度体验老字号和关东民俗）

D3 通化（集安市）

乘车或自驾前往集安市（车程约 1 小时）⟶集安市博物馆（专注高句丽历史文化的专题博物馆）⟶集安火盆街（品尝高丽火盆）⟶长寿王陵（高句丽第二十代王陵墓）⟶好太王碑⟶丸都山城（体验“模拟考古”研学课程）⟶大吉他文化街区（摇滚之城的文旅地标）

D4 通化（集安市 / 辉南县 / 柳河县）

方案①： 鸭绿江游船码头（乘坐游船尽赏边境风光）⟶乘车或自驾前往集安市太王镇钱湾村→钱湾 · 乡里农创园（在水果体验馆品尝集安白桃、苹果等瓜果制品，以及特色煎饼等农特产品）⟶入住钱湾 · “果宿”

方案②： 鸭绿江游船码头（乘坐游船尽赏边境风光）⟶乘车或自驾前往集安市麻线乡下活龙村⟶“渔 · 坞”农村创新创业基地（参观渔猎博物馆、乡里农创园、陶艺基地、酿酒工坊、布艺工坊，体验非遗技艺课程）⟶入住下活龙“渔 · 坞”民宿

方案③： 通化市区出发，乘车或自驾前往辉南县金川镇（车程约 1 小时 40 分钟）⟶吉林龙湾景区（秋日龙湾层林尽染，依次游览大龙湾、吊水壶、三角龙湾景区）⟶四方顶景区（登上瞭望塔，看一次日落，俯瞰山野）⟶入住西夹荒生态旅游度假区

方案④： 通化市区出发，乘车或自驾前往柳河县向阳镇（车程约 1 小时 50 分钟）⟶云岭野山参风景区（跟随“老把头”采参）⟶罗通山风景旅游区（看古韵罗通山的漫山红叶）⟶柳河参乡水街（观看驻场演艺秀，青石板路、马头墙、乌篷船，体验水乡风情）

好太王碑

四方山秋景

冬季线路（12 月至次年 3 月）

听雪、赏雪、戏雪、滑雪，林海雪原从不缺热血与激情，银装素裹留得住感动与浪漫；高山之上，峰若玉雕、石似晶铸的雾凇景色迷人；粉雪、静风、暖阳，地处世界冰雪黄金纬度带，体验新中国第一座高山滑雪场，带来顶级的滑雪体验；放下雪板，让身心放松，冰天雪地里泡一泡天然火山温泉；品尝热气腾腾的高丽火盆和人参鸡汤，配上鸭绿江河谷的冰葡萄酒，留下难忘的冬日滋补体验。

四方顶 刘成刚 / 摄

主题线路一：冰雪激情 · 滑雪之乡

D1 沈阳

沈阳故宫博物院（红墙白雪，琉璃瓦相映成趣，宛如一幅美丽的画卷，拍上一套美美的旅拍）⟶沈阳棋盘山冰雪大世界 / 东北亚滑雪场（体验滑雪和嬉雪游乐项目）⟶清河半岛（冬季来沈阳一定要体验东北洗浴文化，也可选择沐里沐外温泉酒店、泡泡森林、弥宫 · 水宿、永利汇、欧亚菲温泉水世界等）⟶沈阳中街（品尝沈阳地道美食）

D2 通化（主城区）

乘坐高铁前往通化⟶万峰通化滑雪度假区（乘坐“冰雪直通车”或定制公交专线直达度假区，感受新中国第一座高山滑雪场的魅力，初次滑雪建议请一位雪场专业教练）⟶鹿鸣温泉（位于度假区内，室内外各种温泉汤池可供选择，感受“冰雪＋温泉”冬日最佳 CP）⟶入住万峰通化滑雪度假区（度假区内有 6 家风格不同的酒店可供选择，也可选择住在江南商圈或金厂镇周边商务酒店和民宿）

万峰通化滑雪度假区　姜泽吉 / 摄

D3 通化（主城区）

万峰通化滑雪度假区（还可以体验温泉康养、葡萄酒品鉴及伴山观景餐厅）⟶通化老城 · 龙兴里（傍晚时分，花灯点亮，感受雪中民国风情的通化老街）

夜幕下的万峰通化滑雪度假区　姜泽吉 / 摄

D4 长白山

方案①：乘坐高铁前往长白山⟶长白山西站（白山市抚松县松江河镇）⟶长白山西景区⟶长白山万达国际度假区

方案②：乘坐高铁前往长白山⟶长白山站（延边朝鲜族自治州安图县二道白河镇）⟶长白山北景区⟶长白山和平旅游度假区

D5 长白山

方案①：长白山万达国际度假区（远眺长白山主峰，全天享受滑雪乐趣）⟶汉拿山温泉（有长白山特色温泉区、能量养生温泉区、特色本草温泉区、休闲怡泉区四个主题温泉区，亲子游也可选择水乐园）

方案②：长白山和平旅游度假区（红松王滑雪场，远眺长白山主峰，全天享受滑雪乐趣）⟶长白山临溪火山温泉（源自长白山火山自涌温泉的聚龙泉，追寻冬日里远离尘嚣的宁静）⟶红松王森林旅游运动公园（驾驶 UTV 全地形车，穿越原始森林）

每年 11 月中旬前后，长白山脉的各大滑雪场陆续开始造雪

主题线路二：冬日记忆·冰雪奇缘

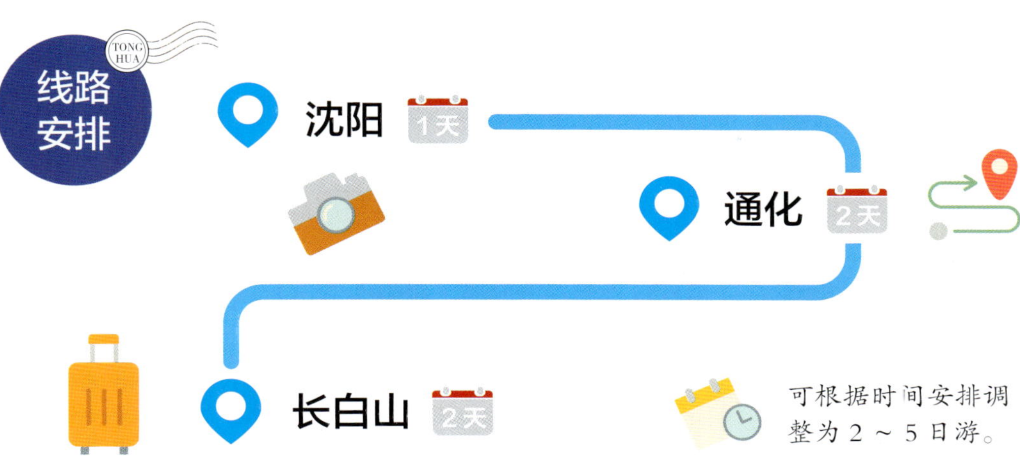

D1 沈阳

辽宁省博物馆（以晋唐宋元书画孤品和红山文化玉器及辽瓷为核心特色）⟶沈阳故宫博物院（赏红墙黄瓦映白雪，享历史静谧）⟶张学良旧居（东北近代史的核心见证地）⟶清河半岛⟶老北市旅游休闲街区（百福巷灯廊祈福，品年味民俗，尝地道小吃）

D2 通化（主城区）

乘坐高铁前往通化⟶佟佳江旅游度假区（一年一度的“佟佳江冰雪嘉年华”，尽情在佟佳江上嬉冰玩雪）⟶通化华润希望小镇（实现冰雪旅游与温泉康养联动，东北雪村该有的样子，也可继续前往金厂镇上龙头雪村）/通化溶洞（感受大自然千万年的鬼斧神工）⟶通化老城·龙兴里（傍晚时分，花灯点亮，感受雪中民国风情的通化老街）

D3 通化（通化县/集安市/辉南县/柳河县）

方案①：乘车或自驾前往通化县（车程约40分钟）⟶通化县康养谷度

假区（价格亲民，对滑雪初学者更加友好的滑雪场，配有儿童娱雪区，以及雪地摩托等娱雪业态）⟶乘车或自驾返回通化市区（车程约 40 分钟）⟶鹿鸣温泉

方案②: 乘车或自驾前往集安市（车程约 1 小时）⟶鸭绿江国门景区（“抗美援朝第一渡”所在地）⟶集安火盆街（冬日里热气腾腾的高丽火盆，配上一杯冰葡萄酒，是属于通化美食的“冰与火之歌”）⟶鸭绿江河谷葡萄酒文化展示中心（亲手采摘野生山葡萄，体验冰葡萄酒酿制技艺）/ 五女峰国家森林公园（体验 1500 米超长雪滑梯）⟶乘车或自驾返回通化市区（车程约 1 小时）

方案③: 乘车或自驾前往辉南县石道河镇（车程约 2 小时 40 分钟）⟶四方顶景区（登上瞭望塔，冬日暖阳，俯瞰山野）⟶吊水壶景区（摄影爱好者冬日限定打卡地）⟶乘车或自驾前往柳河县（车程约 1 小时 40 分钟）⟶柳河参乡水街（青石板路、马头墙、乌篷船，拍出冬日情感大片，随后去探店柳河烧烤）→乘车或自驾返回通化市区（车程约 1 小时）

一年一度的冬捕盛会 全济深 / 摄

冬日的凉水河子 邹可 / 摄

冬日的四方顶子 赵延斌 / 摄

D4 长白山

方案①：乘坐高铁前往长白山⟶长白山西站（白山市抚松县松江河镇）⟶长白山西景区⟶长白山华美胜地度假区（也可选择露水河长白山狩猎度假区、长白山仙人桥温泉旅游度假区）

方案②：乘坐高铁前往长白山⟶长白山站（延边朝鲜族自治州安图县二道白河镇）⟶长白山北景区⟶二道白河镇（入住温泉酒店或特色民宿）

D5 长白山

方案①：抚松县漫江镇锦江木屋村（吉林省十大乡村旅游精品村之一，独特的木屋木质风貌，品尝长白山白桦树汁）⟶松江河镇大集（位于松江河镇站前大街，日期尾数逢 2 是小集，逢 7 是大集）⟶火山温泉（舒缓身心，洗去疲惫）

方案②：二道白河镇“恩都里”（打卡“云顶天宫”大型雪雕）⟶长白山魔界漂流（水流平缓，冰雪仙境，两岸雾凇景象适合拍照打卡）⟶长白山雪绒花雪乐园（在驯鹿园喂驯鹿并合影，在冰天雪地里体验一顿火锅）

长白山的百兽之王　张铁兵 / 摄

part 5

第五篇章

“千年珍”产品体验中心

“千年珍”人参蜜片

从舌尖到指尖，再到心尖，千余款通化风物承载着长白山的丰厚馈赠，在“国参、国酒、国砚、国粹”中品味参香、酒香、墨香、书香，在物华天宝中传承通化记忆，尝鲜通化味道，探寻通化印象，既是味觉盛宴，更是文化信使，对远道而来的游客朋友们，寄寓一片来自通化的深厚情谊。

神山馈赠 · 长白山人参

东方红“千年珍”

东方红西洋参药业（通化）股份有限公司聚焦全参品类供应链，人参、红参、西洋参、林下参等年产量超 2500 吨，获得 21 项国家专利，已开发中药饮片、健康功能食品、参滋养日化及化妆品、汉方配方颗粒四大系列产品 300 余款。

馈赠佳品：千年珍参片、千年珍西洋参粉、千年珍三宝粉礼盒、千年珍林下山参、千年珍人参蜜片、千年珍红参石榴饮等

益盛汉参

吉林省集安益盛药业股份有限公司旗下品牌，企业涵盖益盛汉参种植、益

人参产品加工

人参产品通过线上销往全国

盛汉参产业园、益盛药业、益盛永泰蜂业、益盛汉参化妆品、益盛彩印包装六大板块产业。

馈赠佳品： 人参茎叶总皂苷胶囊、益参妮奥红参滋盈面膜、益盛汉参参花柔肤系列、汉参盾（红参桑椹酸枣仁饮品）等

云岭野山参

吉林云岭野山参科技开发有限公司致力于野山参繁衍护育、生物研究、精深加工及康养旅游等事业。拥有 13 个野山参基地，总占地 4.6 万亩，栽植 1 年生到 25 年生野山参近 3 亿颗。

馈赠佳品： 云岭野山参、山参元气水、野山参粉、野山参酒、野山参洗发水、野山参面膜等

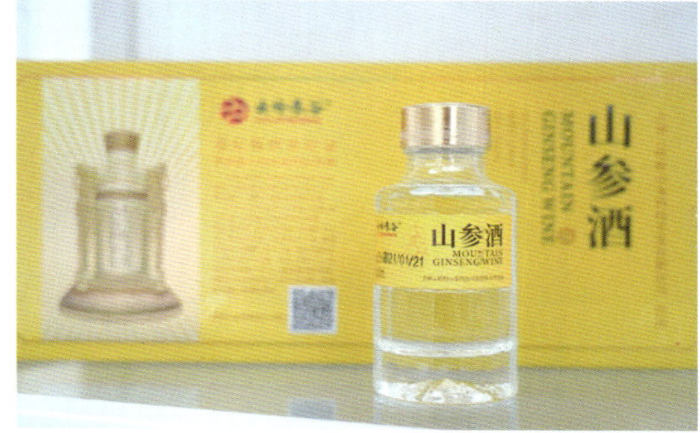

云岭野山参产品

中国·清河澳洋野山参国际交易市场

吉林澳洋山参交易市场有限公司位于集安市清河镇，以销售各类林下山参产品为主导，涵盖人参深加工产品，如山参粉、参片、人参酒、人参化妆品等，形成了“原参 + 制品”的全链条产品矩阵。

澳洋野山参旗舰店

通化快大人参产业园

通化快大人参产业园位于通化县经济开发区，集种植、加工、研发、销售及文化推广于一体，是东北地区重要的中药材产业集聚区。所辖人参市场由山参市场、鲜参市场和干参市场构成，覆盖园参、生晒参、西洋参、野山参、林下参等干鲜人参，以及人参切片、养生酒、食品等深加工产品和东北土特产。

通化快大人参产业园

通化葡萄酒

通化葡萄酒股份有限公司始建于 1937 年，是中国历史最悠久的葡萄酒生产企业之一。作为“中华老字号”，通化葡萄酒见证了新中国的发展，是新中国第一批国宴用酒，曾先后作为开国大典、全国政协一届会议等国宴专用酒。1959 年，为庆祝中华人民共和国成立十周年，周恩来总理批示使用通化葡萄酒作为国宴用酒。通化葡萄酒曾多次作为国家领导人外交接待用酒。

馈赠佳品：红梅牌山葡萄酒、爱在深秋晚收山葡萄酒、翡翠堡冰酒、雅士樽荣耀冰葡萄酒、见证 1959 晚收山葡萄酒等

1959 年国庆酒

通化葡萄酒股份有限公司

通化葡萄酒

1959
見证
天池
爱在深秋
通化
威代尔
晚收甜白葡萄酒
通化
TONHWA
HWA
萄酒

通天山葡萄酒

通天山葡萄酒

中国通天酒业集团有限公司是国内知名的葡萄酒生产企业之一，旗下拥有通化通天酒业有限公司、集安雅罗酒庄有限公司等多家子公司。拥有中国驰名商标、国家地理标志保护产品认证、国家 A 级绿色食品，在各类国际葡萄酒大赛斩获金奖。

馈赠佳品：通天赤霞珠干红葡萄酒、通天晚收山葡萄酒、通天冰葡萄酒、雅罗白葡萄蒸馏酒等

万通葡萄酒

万通雪中珍珠威代尔冰白葡萄酒

通化万通葡萄酒股份有限公司现有保健酒、甜型山葡萄酒、干型葡萄酒、特种葡萄酒、果酒五大系列 50 多个品种，曾获 2018“一带一路”国际葡萄酒大赛金奖、2019 年

IWGC 国际葡萄酒大奖赛金奖等荣誉。

馈赠佳品：万通利口葡萄酒、雪中珍珠威代尔冰葡萄酒、瑞斯特冰葡萄酒、洞藏橡木桶干红葡萄酒等

吉林斯普瑞酒业

吉林斯普瑞酒业公司成立于 1995 年，年生产能力 5000 吨，储汁能力约 1500 吨，大寒威代尔冰酒获第八届中国国际精品葡萄酒及烈酒挑战赛甜酒铂金奖。

馈赠佳品：大寒威代尔冰酒、小寒北冰红冰酒、橡木脱醇山葡萄酒、斯普瑞椴蜜山葡萄酒等

鸭江谷酒庄

位于集安鸭绿江河谷山葡萄核心产区，栽培品种以“北冰红”为主。鸭江谷冰红、冰白葡萄酒曾获亚洲葡萄酒质量大赛金奖、比利时布鲁塞尔国际葡萄酒大奖赛金奖等奖项。

馈赠佳品：鸭江谷冰白葡萄酒、鸭江谷冰红葡萄酒等

鸭绿江河谷山葡萄产区

中国山葡萄酒博物馆地下酒窖

富饶物产 · 农特山珍

禾韵蓝莓

通化禾韵现代农业股份有限公司曾承担国家“十一五”重大专项“蓝莓生物育种高科技产业化生产示范工程”，被评为国家有机食品生产基地、全国优质果品示范基地。禾韵蓝莓依托长白山区寒地蓝莓，创新推出蓝莓深加工系列有机食品。

馈赠佳品： 蓝莓果干、蓝莓果汁、蓝莓鲜果酒、蓝莓脱醇、蓝莓果酱、蓝莓叶黄素等

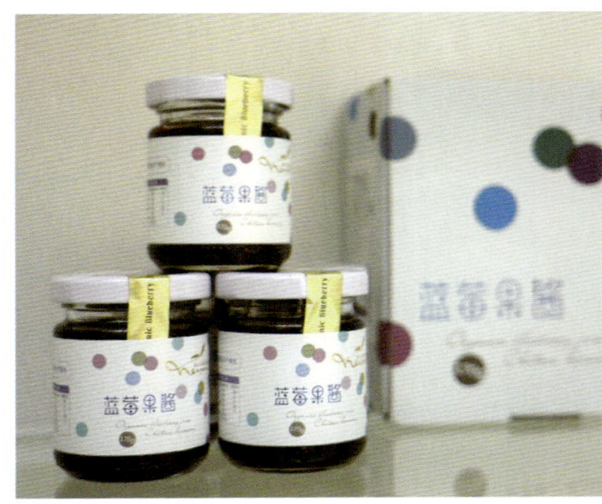

禾韵蓝莓产品

魁洋系列

魁洋系列山珍食品是通化三生农林开发有限公司出品，产自石湖国家森林公园境内自有种养殖基地，大自然的绿色好食材。

馈赠佳品： 魁洋系列开口松子、开口榛子、核桃仁、黑木耳、林蛙油、野生核桃油、紫苏油等

白小桃鲜果罐头

白小桃鲜果罐头

鸭绿江畔独特的地理环境，沿江而上的黄海温暖气流，造就了适合白桃生长的得天独厚的自然环境。白小桃鲜果罐头优选集安大肉脆白桃，手工采摘，古法工艺，精深加工而成。

馈赠佳品： 白桃罐头、黄桃罐头、山楂罐头、白桃果干、白桃酒等

龙湾传奇核桃油

以长白山脉野生山核桃为原材料，通过低温冷榨技术生产无污染、无添加的纯野生山核桃油，是长白山地区的天然珍品。

馈赠佳品： 有机野生山核桃油、核桃仁等

龙湾传奇核桃油

天鹿天食系列

鹿肉食品制作技艺列入第四批吉林省非物质文化遗产项目名录。天鹿天食挑选东北正宗梅花鹿种，采取野生养殖模式，最大限度提升鹿肉的营养价值。

馈赠佳品： 鹿脂礼盒、鹿肉筋、鹿肉脯、酱卤鹿肉、鹿肉肠、鹿茸血酒等

西江贡米

國務院奬狀
奬給農業社會主義建設先進單位
吉林省通化縣人民公社大泉源分社西江作業區
總理 周恩来
一九五八年十二月 日

西江作业区荣誉奖状

西江贡米产于长白山南麓的佟佳江流域，以米质洁白如玉、口感柔润芳香著称，清咸丰帝御用后赞之“天地精华，米中之最”，钦封“御用贡米”。

馈赠佳品：西江贡米礼盒、西江玉珠稻花香等

西江贡米

蛙田贡米

“姜家店大米”“柳河大米”获得国家地理标志证明商标，袁隆平院士曾为“柳河大米”题词并予以高度肯定。火山岩稻米口感独特、米香扑面，深受消费者的喜爱。

馈赠佳品：蛙田贡米、蛙田火山岩大米等

吉珍米

吉珍牌绿色有机大米源自北纬 42° 黄金稻区，全国绿色大米原料基地，采用火山灰黑土种植，冷泉水灌溉，一年一季，米粒晶莹，深受消费者欢迎。

馈赠佳品： 吉珍火山岩稻香米、吉珍胚芽米、吉珍长粒香、吉珍米礼盒等

吉珍米

大米姐富硒米

柳河县被誉为“中国火山岩稻米之乡”，依托龙湾火山群熔岩台地腐殖土资源种植。大米姐富硒大米富含人体所需微量元素，营养价值极高。

馈赠佳品： 富硒小罐米、富硒大米、鸭田长粒香米等

大米姐富硒米

江达米业

江达米业出产的稻米，有黑土滋养，有江水萦绕，加上百年火山灰淤积的有机养分，绿色、有机“稻米圣地”的美名家喻户晓。

馈赠佳品： 江达有机贡米、江达粒粒香有机贡米等

松花石砚

匠心传承 · 松花御砚

通化市工艺美术厂

通化市工艺美术厂创建于 1956 年，前身是 1920 年创办的杜氏家族雕刻工艺社。工厂以石雕、木雕为主业，产品远销日本、挪威、新加坡、马来西亚、中国香港等 20 多个国家和地区。1997 年 7 月 1 日，吉林省人民政府向香港特别行政区赠送的礼品就是该厂设计雕刻的巨砚——松花紫荆情系根砚。

通化市工艺美术厂的工人在进行石料打磨清洗

馈赠佳品：松花石砚、松花石茶台、木雕、根雕等

关东文化产品交易市场

关东文化产品交易市场位于东昌区光明街道福民家园附近，省级文化产业园区。经营项目以松花石砚、松花石及非遗产品为主，兼营书籍、字画、瓷器、根雕、玉器、古玩、民间工艺品、旅游纪念品等。

馈赠佳品：松花石砚、古玩字画、旅游纪念品等

大安松花石产业园

大安松花石产业园，位于通化县大安镇，以松花石资源开发利用为核心，这里是重要的创业孵化基地和松花石文化展示窗口。园区陈列着琳琅满目的松花石砚、茶具、摆件等作品，既承清宫御作风骨，又赋现代生活美学，通过线上直播销往各地。

馈赠佳品：松花石砚、茶具、摆件、挂件等

形态各异的松花奇石，寓意“石（时）来运转”

“通化手信”系列文创

“七色之城”冰箱贴

手信是中国古代礼品的称呼。“通化手信”系列文创是通化文旅设计开发的文创品牌。“七色之城”冰箱贴、吉林杨靖宇干部学院红色文创、龙兴里文创雪糕、大吉他文创雪糕、人参鸡汤毛绒玩具、吉林龙湾黄铜书签、罗通山时光拼图台历、“红城印记”笔记本、通化全域旅游手绘地图……越来越多具有通化地域文化和城市标识的文创商品与大家见面。

馈赠佳品：文创冰箱贴、金属徽章、车载香薰、文创雪糕、文创镜子、文具礼盒等

高句丽系列文创

集安市博物馆以及高句丽文物古迹景区（长寿王陵、丸都山城）文创商店内，摆满了琳琅满目的高句丽系列文创产品，吸引了不少国内外游客。

根据高句丽五盔坟四号墓藻井北角《伏羲女娲图》开发的高句丽伏羲女娲

主题文创；源于高句丽壁画和瓦当上的三足金乌（太阳鸟）形象开发的三足金乌系列文创，还有高句丽瓦当冰箱贴、陶粮仓零钱包、铜鎏金马镫钥匙扣、杏枝纹化妆镜等文创各具特色。立足世界文化遗产设计开发的文创商品，是“让文物活起来”的生动探索，传递着“生生不息”“吉祥如意”等文化寓意，也让历史有了温度。

馈赠佳品： 文创冰箱贴、零钱包、文具、雨伞、丝巾、摆件、饰品等

高句丽壁画（左为女娲图、右为伏羲图）

高句丽壁画伏羲女娲文创

非遗文创

◎长白山满族剪纸（人类非物质文化遗产）

通过动态人物造型展现满族民俗生活场景，依托长白山自然景观（天池、雪峰）设计镂空书签、明信片等纪念品，融入了“白山黑水”地域美学。

◎长白山满族枕头顶刺绣（国家级非物质文化遗产）

以满族婚俗文化为核心，推出刺绣挂件、枕套装饰画、婚嫁“四艺”刺绣礼盒、刺绣婚书礼盒等文创产品，融入“花开连理”“长寿纹”等吉祥图案，传递婚恋与生命祝福寓意。

◎集安刻纸（省级非物质文化遗产）

将中国书画白描技法和书法的表现手法融入刻纸艺术创作中，逐渐形成了一套精湛的集安刻纸“五步刀法”，其以刀代笔，落刀爽利、遒劲有力，且疏密有致、精妙入微。

◎长白山满族撕纸（省级非物质文化遗产）

以手代刀，以撕代剪，不限任何纸张，不用任何工具，只靠着一双巧手和奇思妙想，一座座“纸上江山”便应运而生，被称为“指尖上的舞蹈”。

◎长白山红松根雕（省级非物质文化遗产）

长白山红松根雕，以长白山红松枯木断根为原料，遵循“七分自然、三分雕琢”原则，通过对根材天然形态（如弯曲、疤痕、凹凸）的巧妙利用，展现根雕的自然性与残缺美。

◎长白山山核桃拼贴工艺（省级非物质文化遗产）

山核桃拼贴工艺，以长白山野生山核桃果实的内果皮为材料，根据山核桃果实不同部位的切割，生成多样化的自然纹样碎片；通过胶合技术将切片组合成立体造型或平面装饰。

◎木板烙画（省级非物质文化遗产）

火为墨，木为纸，在温度变幻间描绘出民俗故事，在疏密相间中勾勒出长白山自然景观，将国画白描与西洋写实风格结合，赋予作品更强的立体感与装饰性。

◎孙氏勺匙书画（省级非物质文化遗产）

起源于清朝末年，以勺匙为笔，独创“调和液”配方，首创长柄大勺绘制宏阔画面，通过泼洒、流淌、渗洇等技法实现水墨肌理效果。

◎乌拉草编（省级非物质文化遗产）

以手工锤草软化、盘捻成绳为基础，结合平编、绞编、缠边等工艺，传统作品涵盖草鞋、蓑衣、枕垫等实用器具，现代作品融入彩带染色技术，创新动物摆件、装饰画等工艺品，增强艺术表现力。

手编文创

策划编辑：王　丛
责任编辑：陈　冰
特约编辑：罗海帆
责任印制：冯冬青
封面设计：宝蕾元

图书在版编目（CIP）数据

坐上高铁游通化 / 通化市文化广播电视和旅游局编著. -- 北京 : 中国旅游出版社, 2025. 9. -- ISBN 978-7-5032-7606-4

Ⅰ. K928.934.3

中国国家版本馆CIP数据核字第20256DL096号

书　　名：坐上高铁游通化

作　　者：通化市文化广播电视和旅游局　编著
出版发行：中国旅游出版社
（北京静安东里 6 号　邮编：100028）
https://www.cttp.net.cn　E-mail:cttp@mct.gov.cn
营销中心电话：010-57377103，010-57377106
读者服务部电话：010-57377107
排　　版：北京宝蕾元科技发展有限责任公司
印　　刷：北京金吉士印刷有限责任公司
版　　次：2025 年 9 月第 1 版　2025 年 9 月第 1 次印刷
开　　本：787毫米×1092毫米　1/16
印　　张：10
字　　数：120千字
定　　价：48.00 元
I S B N　978-7-5032-7606-4

特别鸣谢

为本书提供影像作品的机构和摄影师

致敬

全体奋斗在文化事业、文化产业和旅游业的一线工作者

以及关心通化文旅产业发展可爱的你